U0754483

成交

应用影响力引爆营销

高鹏 著

台海出版社

图书在版编目（CIP）数据

成交：应用影响力引爆营销 / 高鹏著 . -- 北京：
台海出版社，2021.1
　　ISBN 978-7-5168-2516-7

　　Ⅰ . ①成… Ⅱ . ①高… Ⅲ . ①市场营销学 Ⅳ .
① F713.50

　　中国版本图书馆 CIP 数据核字（2020）第 230811 号

成交：应用影响力引爆营销

著　　者：高　鹏

出 版 人：蔡　旭
责任编辑：赵旭雯

出版发行：台海出版社
地　　址：北京市东城区景山东街 20 号　邮政编码：100009
电　　话：010 － 64041652（发行，邮购）
传　　真：010 － 84045799（总编室）
网　　址：www.taimeng.org.cn/thcbs/default.htm
电子邮箱：thcbs@126.com

经　　销：全国各地新华书店
印　　刷：天津旭非印刷有限公司
本书如有破损、缺页、装订错误，请与本社联系调换

开　　本：880 毫米 × 1230 毫米　1/32
字　　数：120 千字　　　　　印　　张：7.75
版　　次：2021 年 1 月第 1 版　　印　　次：2021 年 1 月第 1 次印刷
书　　号：ISBN 978-7-5168-2516-7

定　　价：59.80 元

前　言

百度词条上关于成交的定义，是"顾客接受推销员的建议及其推销劝导，并且立即购买推销品的行动过程。"但我总觉得这个定义太狭隘了，因为当我们说成交时，不仅仅是推销成功或被推销成功，而且是"交易"双方就某件事达成的一致。

在人生中处处都有成交，比如：

你和孩子成交：写完作业再玩；

你和家人成交：先买房再买车；

你和公司成交：用时间换工资；

你和客户成交：用产品换销量；

……

成交的英文可以是 OK 也可以是 YES；成交有基本原理和实践方法；成交的关键词：营销、影响、心理、传播、领导、说服、吸引……要想成交，不简单。

这十年来，我一直在探索成交的"秘密"。大学毕业后，我从事过兼职司仪、医药代表、市场经理、培训讲师等不同领域的工作。这些工作的内容看似相去甚远，但核心目标是一致的，就是如何通过自己的能量影响他人，达成思想一致，然后成交。我从心理学、社会学的原理和方法入手，逐渐探索到逻辑思维、沟通互动、商务谈判、公众演讲等领域成交的方法和意义。现在，我将实践和心得，整理成了您手中的这本书。

这本书包含三个部分：

第一部分是成交的原理。一个人行为的改变是有迹可寻的，成交背后的原理受生物学、心理学、社会学的影响。这部分将介绍这些原理是什么，又是如何起效的。

第二部分是成交的方法。我通过影响力原理，结合各行业的实际情况，总结出"成交十法"，通过案例的分析和通俗易懂的解读，让各行各业的从业者更容易领悟、接受和应用。

第三部分是成交的应用。在沟通、演讲、谈判、写作等不同的场景下，应该如何应用"成交十法"，帮助我们更加高效地完成任务，达成目标。

能否成交，最终还是依托于各位读者的实践，希望本书能给您带来启发和帮助！

目 录

第二部分
成交的十个法则

第二部分
成交的十个法则

第三部分
"成交十法"的应用

成交与营销和心理学的关系

第一部分 PART ONE

在人人想法都差不多的地方，没人会想得太多。

——沃尔特·李普曼

第一章　成交与营销

1.成交：每天都生活在成交中

现代的生活压力越来越大，尽管我们已经不断压缩睡眠时间，努力工作，而且每天都在提醒自己，要努力啊；每天都用首富的"小目标"激励自己。无论在哪个平台，只要是看到关于财富自由的文章统统收藏，饭局上最喜欢打听最近有什么赚钱的项目，在书店买了很多本关于财富的书籍。某天，因为我们对赚钱的小视频点赞量太高，导致视频平台推送的都是赚钱方法，不排除各种歪门邪道的方法。你愣了愣抬起头，茫然了，想起了韩寒说的一句话："虽然听过很多道理，却依然过不好这一生。"

于是我们把罪魁祸首归结于一个字"钱"，然后就抱怨，钱为什么那么难赚，这个社会怎么那么浮躁。接着开始麻木，浑噩度日，直到某天又被媒体上实现财富自由的新闻惊醒，骂自己怎么那么浪费时间，于是又开始提醒自己，要努力啊……什么叫在六道中苦苦轮回？这就是！

钱似乎被妖魔化了，世间所有快乐、痛苦、刺激、麻木等情感好像都是因为钱。真的如此吗？直到我读到瓦尔·赫拉利的《人类简史》中关于钱的描述，才重新思考有关"钱"的话题。

书里写道："最早并没有什么金钱货币系统，原始人都是通过以物换物的方式交换物资，钱可能是某些稀有物品如贝壳、颜料、黑曜石等钱的出现也不是什么科技上的突破，而是想法上的革新……钱是一种共通的交易媒介……金钱是有史以来最普遍也最有效的互信系统！"

钱只是信任的一种媒介，我信任你创造的价值，所以用钱来交换！某些情况下，钱代表的，就是劳动的价值、人的价值。我们重视金钱并不是说"金钱至上"，相反我们知道，创造价值、延续基因、更人层面上地利十全人类，更重要。很多人不重视金钱，视金钱为粪土，他们常说"钱算什么"，这样说貌似很潇洒。但如果你再深入地问他们一句"那什么才重要呢"，答案通常比钱更加虚伪，例如：自由、地位、牛×……你认真想想，这些难道不是钱带来的吗？重视金钱，特别是重视赚钱的能力，一点儿都不丢脸。

所以如果你是因为想做成某张单子赚到钱而翻开了这本书，没有什么不好意思说的。

通过成交我们可以赚钱，这是事实。成交意味着你的东西有人想要，这个东西不仅让你有钱赚，而且让需要的人得到了价值，简而言之就是达成了一致。没有成交意味着价值没有得到体现（不是没有价值，而是没有交换价值）。举个例子你就明白了，大山深处的九寨沟景色再好，没有路，也就没有人能欣赏到它的美。

有些人总是在浑浑噩噩地过每一天，卡在买车、买房、结婚、生子的环节上，然后义愤填膺地抱怨世界的不公平，抱怨别人没有尊重自己的劳动成果（认真想是别人的错吗？），抱怨听过的道理都是成功学鸡汤，抱怨大环境不好。

这让我想到曾经听到过的一句话："自己没能力就说没能力，怎么你到哪儿，哪儿都大环境不好，你是个破坏大环境的人啊？"我觉得很有道理。

哪怕是"新冠"疫情肆虐的 2020 年，还是有人在赚钱。其实这就很值得我们思考了。

最后我想谈的是，我们应该主动地去锻炼成交的技巧。既然成交是一种能力，就应该锻炼。查理·芒格在商业上的成就有目共睹，他在《穷查理宝典》中写道：

"我们都爱大量阅读，聪明人都这样，但这还不够，你还应该有一种批判接受、合理应用的态度。大部分人看书都没有抓住正确的重点，看完了又不会学以致用。"

知道成交的重要性和原理一点都不难，但是否有批判接受、合理应用的态度，却很少有人注意到。这个世界上有两种人，一种是成交者，另一种是被成交者。无论你是哪种人，都应该从成交中，获得各自的价值。

2. "成交十法"：有方法才有出路

罗永浩在《生命不息折腾不止》中调侃道：

"全世界的成功学书籍，出了几亿种，归根到底就是一句话：只要努力，就能成功。"

写这本书的时候我也很担心会一不小心写偏了，写成了成功学，但是又一想，难道成交不是成功吗？其实成交也是一定意义上的成功，是工作上的进步，也是职业上的成长。但是如何获得成交呢？

简单地说，成交是双方达成一致。但影响达成一致的因素太多了，时间、地点、人物、历史记录都会影响结果。生活经验应该也能提示你，双方并不是每一次都能达成一致，十拿九稳的情况并不常常发生。但通过锻炼成交的能力，在几个关键人生节点上，哪怕能提高一点点的概率，也能带来巨大收益。

所以，研究"成交"的主题，不仅仅是为了做成某张单子，更是探索成交的法则，这种法则是一个习惯、是一种状态、是一个追求。我将成交的法则，总结成"成交十法"，分别是：目标聚集法则、思维联想法则、互惠互利法则、收集好感法则、展现实力法则、达成共识法则、权威认知法则、承诺与一致法则、短缺优势法则、强强联盟法则。

你现在阅读"成交十法"可能会比较迷惑，也可能这十种法则中有些你已经实践过了，例如"收集好感法则"的办法：企业培训销售人员时，培训师常常斩钉截铁地说"销售人员的头号规则就是让客户喜欢你""销售不是卖产品，而是卖自己"……这都是应用"收集好感法则"的方法提升销售额，也就提升了成交行为的概率。有些方法你可能一知半解，例如"目标聚集法则"的方法，具体怎么做才能引导受众的注意力到我们想要达成的成交点上呢？不用着急，后面章节我都会一一展开。

方法有了，使用方法的时机同样重要，正所谓要"天时地利人和"，方能完成成交。无论在何种场合，成交过程都可以被简化为三个阶段，首先是建立关系，之后是沟通协商，最后是达成一致。每个阶段使用"成交十法"的侧重点是不一样的。因此我将应用方法总结为"成交金字塔"，用来指导在不同阶段，我们应该选择什么样的策略。如下图所示：

　　这样，"成交十法"应用在什么时候，什么场合，一目
了然了，类似开车时的导航系统，当你走丢的时候，请翻回
到这页，大概就能找到自己在哪个位置。

3. 广告：远距离的成交

我们的生活，每天都被无数的广告围绕，这些广告不断试图引诱我们去感受、行动、成交。商家通过远距离操控出现在我们面前的画面，让我们被影响。这些广告有什么成交的魔力呢？我的意思是：为什么我们会买一些广而告之的商品？为什么我们会被广告吸引，产生消费的念头呢？

有一天我心血来潮，计算了一下我每天会看到多少个广告。出门前我预估了一下，应该有 10 个左右，嘟囔一句反正我没钱消费，就当畅游一下广告海洋吧。

一开门就有惊喜，一张 TONY 发型店开业的折扣广告就塞在我家门的门把手上，我记得昨天在门把手上的是 HONEY 奶茶店开业酬宾的广告。邻居上周刚搬进来，我留意了一下今天给他们的广告，是 HARD 防盗网公司。差异化广告已经做到我们家门口了，不错，再小的商家也需要洞察客户需求。

刚进电梯，四面墙除了电梯开关门那面没有广告（现在连电梯门那面都有了，你猜是怎么打的？），其他三面都贴着广告。往常我都是随便瞄一眼，今天任务在身，我认真研究了一下。首先是这个广告牌似乎比刚开始大了几倍，以前是 20 寸大小的画面，现在这个是 50 寸的画面，迎面而来，你不可能注意不到。其次，电梯广告内容多半和生活相关，像我看到的这三个广告内容就分别是蛋糕、超市、儿童用品。可能是我住的小区人均收入不高，上次去一个土豪朋友家，他们那儿电梯广告内容主打移民、投资、冬虫夏草。而我们这儿主打 138 元的蛋糕和 29.9 元的纸尿布。

我使劲按了几下开门键，发现开门键被中国电信广告包裹，关门键被中国移动广告包裹，只有警铃键是原装，但是警铃键下面有一段话"家电维修，请拨打：×××××"。

出了电梯，挂在两个电梯之间的电视广告从后面发出声音，热情激动的少女正在里面介绍某款新上市的面膜。

进入车库，充电桩上滚动播放着最新的汽车服务、墙上贴着汽车改装广告、出门的闸机上印着全新款电动汽车。

马路电线杆上飘着"地铁沿线，精装三房"的房产广告，暗示你赚了钱就往售楼部送。而毗邻地铁，能让你赚钱的效率还能提高一些。

目光所及之处，全是广告，我从家到小区门口，我就已经看到 10 个广告了。

从小区开车出来，我无心再数今天还会遇到多少个广告，而是陷入沉思：住在这儿快 3 年了，我从来没有注意过原来我身边有这么多广告。说实话，我一点也不反感这些广告，甚至有的广告里有美女我还多看了几眼。

但我问自己，广告是否也能应用"成交十法"，让效果更大化？

大部分的广告成本很高，效率却很低。这些广告只是将信息放在别人能看到的地方，而不管受众是否能接受，或者是否容易接受。这种做造成的后果就是，广告信息充斥在我们周边，我们需要耗费更多精力去寻找真正想要的东西，而这又提高了广告的成本——想要影响别人需要更高的代价。广告商们夜以继日的宣传，但是做出来的效果只是让人看了以后做了一次又一次的识字练习，只有极少的信息能存留在意识中，这才是最奢侈的投入。这样的广告影响别人的效率极低，成交的效果也很差。

美国营销界前辈约翰·沃纳梅克更早就发现了这个问题，他说："我花在广告上的钱，有一半都浪费掉了，问题是，我不晓得是哪一半。"

好的广告让消费者记忆深刻，有的是因为文案引人入胜，有的是因为图片吸引眼球，有的是直击人的欲望，有的是潜移默化地埋下了意识的种子。好的广告常常成功地吸引我购买那些本来不需要的物品，商家在我大脑中存下了信息，掏空了我的钱包。这就充分说明人无法避免要和他人接触，交换是这个世界运转的基础，而我们要做的是尽量让这样的交换顺畅，"成交十法"在"广告"领域同样适用！

想说服别人投资、购买138元蛋糕都是一件很难的事，但也不是完全没有办法。遵循影响力起效的原则，应用影响力达到提升成交的概率。除了机械地提升广告出现的频率，有更好的办法能影响一个人。

前面讲到因为电梯要开合，所以门的那面一直没有广告，现在有了投影的帮助，已经实现了在电梯里四面都能出现广告的情况，当电梯门合上的时候，你会被广告包围，但是哪些广告有效呢？

4. 营销要得法：变换看世界的角度

自从我开始研究"成交"的影响因子后，看待世界的角度就不一样了。

说来惭愧，我并非读营销出身，确投身到了营销这行。刚入行我还是懵懵懂懂的，这里翻翻古书，那里借鉴一下，鼓捣出一系列匪夷所思的营销文案，效果都很差。过去的我说起广告就是：LOGO 一定要大！颜色醒目！重复重复再重复！所有我经手的广告都是这三板斧杂交的产物，可以说是个人设计标识很明显了，但得到的却是大部分客户一致的差评。

痛定思痛，我开始反思，为什么我做的广告宣传效果那么差呢？肯定是有一些因素起到了作用，究竟是什么在影响人们的思维呢？

于是我开始研究影响成交的因素，前文我介绍到"成交十法"，就让我们用这个方法来分析一下广告。营销人员需要善于观察身边的案例。有一次，我就观察到了一个很好的广告，内容是一个新品手机上市，主要投放在地铁及交通站台等人流量密集的地方。

　　第一个被应用的就是"目标聚集法则"，代言人拿着新品手机的图片出现的场合一般在地铁刷卡处或电梯上下行的地方。人们从一个场景切换到另外一个场景，常常需要一些环境线索来确认自己的安全，所以在这些地方的广告率先抓住了眼球，让人将注意力集中在这张图上。

　　其实不管放在哪里的宣传文案都有人会看，但是观看者的焦点是不一样的。另外，整个广告只有一个人物，一句话，你很难再把注意力转向其他地方，有点像我以前常说的"LOGO要大"，这其实也是目标聚集法则在起作用。

　　第二个发挥作用的是"思维联想法则"，这幅图满足了人展开联想的几个基本点，简单易懂、有想象空间。不管你是什么文化水平，一看这幅图就知道在销售什么产品，因为整幅图只有一个产品形象，而且通过代言明星的手势已经将产品引导出来，你不会觉得他穿的皮衣叫作××手机对不对，这是正确的联想引导，简单、突出、容易理解。广告画面有充分的联想空间，独具设计感的文字，让人联想到这款手机拿在手里会更时尚一些。其次整幅图有大量留白，这暗合了人的心理，白色是空、是气，是让你的想象发挥到无穷天地。

　　第三个影响成交的原则是"权威认知法则"，联想后我开始认真看这个广告，代言明星在中间，形象伟岸，一种崇拜感油然而生，我知道我是受了权威的影响，这位明星是华语音乐天王、乐理专家，但是我不知道他对安卓、IOS 系统有没有了解，很明显设计者希望他在音乐上的权威地位也能辐射到手机行业来，这被称为权威的转移作用。设计者希望传递一种信息：你看，音乐你比不过他吧，那他代言的手机也一定是行业最顶尖的，尽管这两点并没有直接联系。

　　尽管我中了权威的招，但更加重要的是我一点都不反感，为什么呢？因为第四个起效的原则叫"收集好感法则"。追星的人一般都是感性层面被触动了，而不会因为这个明星会解三元一次方程加一分、会操作超微显微镜加一分，达到十分才会被喜欢。大部分人都是说这歌怎么这么好听、这人怎么这么帅、我好喜欢哦。所以这里的逻辑是这样的：你喜欢他的歌吗？那你喜欢他吗？那你会喜欢他手里的手机吗？感性的粉丝对这三个问题的答案都是 YES。

　　我继续往地铁里走，发现这个广告真是心机，以上的几项原则用起来效果已经很好了，公司居然还不满足，用到了第五个原则，那就是"达成共识法则"。地铁里不仅一个明星代言了该手机，还有一众当红明星也出镜了，营造出一种娱乐圈半壁江山都在使用××手机的错觉，这么多权威的、你喜欢的明星都在用，你有什么理由不用呢？主画面和宣传文案一样，也起到了重复加强印象的效果。

最后回看一遍，这个手机的营销轰炸还有一个影响因素就是"联盟"，从代言明星的分布来看，有深受妈妈喜欢的00后小生，有90后疯狂迷恋的潮流先锋，有陪伴80后成长的歌坛巨星，甚至还有一个在美剧中出镜率较高的外国女星，可以说，每一个明星都有一个固定的受众群，并且这个受众群对于集体感的维护是很高的，他们会为了在集体内不被排斥而选择这款手机，这就是"强强联盟法则"发挥的力量。

我很好奇这个项目的设计者是真的考虑了这么多吗？还是只是因为我想得太多，可能这个项目也是产品经理带着刀站在设计后面说：LOGO给我搞得大大的！颜色搞得鲜艳点！品牌名字放右上角！在这么一张几乎没什么信息的图片里，这些设计真的能提高购买率吗？

我的理解是，成交是一个系统工程，可能不同的受众对不同的触点会有不同程度的反应，就像我们常说的"一千个人眼中有一千个哈姆雷特"一样。营销就是最大化地组合这些影响因素，力求在同样的范围内提升影响别人的概率，注意，只是概率而已。这些手段并不是每一次都会起效，但一定会提升说服别人、影响别人的概率。

第二章　成交与心理学

1. 思维认同：大脑变形记

围绕"成交"，我们谈到了钱、价值、广告，也提到了"成交十法"。在我们使用这些法则之前，还有一件重要的事，那就是成交时，人的大脑发生了什么？

我们真正认识自己，不过是近些年脑科学的发展稍微有了些进展。但是大脑深处发生了什么，现代科学还有很多未解的地方，甚至就连"我"这个定义，都还在疑惑。

你在做的，是你想做的吗？

你所想的，多少是属于你自己思考所得呢？

武志红在《拥有一个你说了算的人生》中提到，我们所谓"我"的思维，常常会被影响。

"想法、思维和头脑都在自己的脑袋里，而且容易被听到，所以我们很容易觉得，这是'我的想法'。在心理学上，这被称为'向思维认同'，也就是把思维认同为'我'。但真相往往并非如此，你以为的'我'的想法，实际上常常是别人的声音。"

武老师也意识到了这个问题，所谓"我"的想法，并不是真正的"我"，这听起来有点绕口，你可以理解为在一些事情上，你已经被"洗脑"了，大脑的想法是别人有意无意强加给你的。

关于这点，苹果公司传奇 CEO 乔布斯，在一个著名演讲中也曾提道：

"不要被信条所惑——盲从信条就是活在别人思考的结果里。不要让别人的意见淹没了你内在的心声。最重要的是，拥有跟随内心和直觉的勇气，你的内心和直觉多少已经知道你真正想成为什么样的人了，任何其他事物都是次要的。"

"我"会被影响，看来是板上钉钉的事情了。社会学家通过研究动物行为、人类社会行为有了一些发现。成交背后，存在大量这样的心理学原理，影响着"我"做出判断，改变行为。至少有以下四个心理学原理，与成交相关，分别是：

追求因果：人希望每件事都能在过去找到合理的解释，尽管世界是不确定的。

模式反应：人受刺激后，潜意识做出的某种规律、盲目、机械的行为模式。

定向思维：人长期受刺激—反应后形成的思维定式，再刺激后下意识做出的反应。

对比心理：人通过比较两件事情再做出的判断，通常会失真。

我暂且称之为"心理学四部曲"。以上原理你可能会感到陌生，但是有些心理反应正在你脑中发生。举个例子，你通常如何判断某件东西的价值？我问过很多人这个问题。有的说看质量、有的说看做工，我妈妈用一个俗语回答了：一分钱一分货，价格高就等于东西好。这就是一个典型的"定向思维"。但是价格高的商品一定等于质量好吗？有用吗？说到这你一定会会心一笑，想想自己家的扫地机器人，花了很多钱，没几个月就频繁罢工；还有一些花了大价钱，买来束之高阁的东西，价值一直没有体现出来。不管我们喜不喜欢，定向思维就是这样顽固地植根于我们脑中。

需要注意的是，"心理学四部曲"揭示了大脑运作的机制、规律，并没有褒贬的含义。例如"模式反应"，大脑通过建立一些"套路"，如上车要系安全带、变道要打转向灯等模式，节省了思考的时间、精力和能量，我们离不开模式反应。但在成交时，如果只依靠大脑"自动驾驶"，则会让我们容易犯错，并且给了动机不良的人操纵空间。

2. 因果逻辑：追求的不同

工作后我时常问自己，人的行为是受什么影响和支配的？

举个例子，为什么有的人信佛、有的人信马云、有的人信科学、有的人信钱？我指的是他们内心最真实的崇拜和信仰。我有一个朋友就是虔诚佛教徒，家里贴满了佛系用语"多一事不如少一事""放下"……他为了佛教的法会可以放下一切工作，这种信是信仰在内心深处。我时常会琢磨，为什么他会有这样的信仰？他是被什么影响的呢？

前段时间，我和一个即将离职的朋友聊天，我们共事五年，我非常了解她的工作习惯，雷厉风行、有始有终、积极向上。但最近她却准备辞职，去开创自己的瑜伽事业，从跟她聊天我发现，她对瑜伽的信仰也不是一两天了，而是深入且持续的。我才发现我了解的只是工作时的她，在其他时间，她的内心受另外一套系统的影响。

"被影响了"这件事，看似无所谓，但其实很重要。就比如我前面我提到的这两位朋友，一个信佛，一个信瑜伽，很明显，他们是受到了不同的影响，才会有不同的信仰，这直接影响了他们的生活、职业、习惯。

我们是被经历塑造的产物，追求因果的心理，是因为我们的人生是单线前行的，没有岔路无法回头，所以此时此刻发生在你身上的事情，追根溯源，都能找到一个起点。

我环视了一圈我的书房，没有一件东西是没有起点就存在的，细想都能找到最初的那个起因。我打字习惯用机械键盘是受到某网站的影响；电脑屏幕是受到一个 B 站装机博主的影响；音响是某次听了测评后冲动下买的……每一件东西，细细回想都有一个源头。

总之，从一开始，我们就会被各种外力影响，而我们一旦被影响，思想、行为也会随之改变，你说可不可怕？ 2012年诺兰大火的电影《盗梦空间》就讲述了这个故事：

"当你想改变一个人的行为，进入多层梦境，在梦中植入一个因，大脑就会自动完成果的部分。"

不安定的精神状态和不可信的逻辑推理，一直是诺兰电影中反复出现的主题。一句话能改变一个人的思想和行为，追求因果的心理会直接影响我们的行动，这就是心里追求因果的作用！

话说回来，我信佛的朋友，他年轻的时候很苦，每次都是通过念佛才勉强撑过那些苦难的日子，所以现在信佛已经变成了他思维的习惯，就像开车时必开导航一样，信仰佛教就变成了他日常的导航。

而我那个准备辞职做瑜伽事业的朋友，是因为此前拼命工作几年后身体扛不住了，经常感觉精气神不足，身体容易疲倦，但是却在一次瑜伽课后，神奇地感觉恢复了活力，从此她就离不开瑜伽，从身体到心灵都开始信瑜伽。

这个世界上没有无因有果、有因无果的事情，一切事物都不会单独存在。这不一定是世界的真相，但却是你大脑运作的真相。

3. 模式思维：大脑不听使唤

有一天我正在看书，我妈突然打电话让我给她在网上选购一套棉被：冬天快到了，晚上睡觉有点冷。我基本上没考虑，拿起手机打开小米商城 App，在里面找到棉被然后下单。当时我看的书是小米联合创始人黎万强的《参与感：小米口碑营销内部手册》，书里面正在介绍小米的商业模式，提到小米公司 CEO 雷军兑现了他的承诺，没有赚大家一分硬件的钱。那雷总赚什么呢？文章套用了雷总的原话：

"我希望有一天，顾客到小米的店里买东西，不用思考！"

看完这段话，我默默打开手机，看了下这个月购买的小米产品：从插线板到电牙刷，从方便面到鱿鱼丝，从棉被到手机，都是小米的。我俨然已经成了移动的小米广告牌。我还自我标榜不是一个容易受影响的人，标榜要研究挖掘"成交"的武器。结果我却"被成交"得很彻底。

《参与感》一书中还写到，小米公司 IT 人员艰苦创业经历，以及如何步步为营地打造铁杆粉丝，还有所谓小米口诀

"专注极致口碑快"。我承认，小米是家值得钦佩的公司，但更重要的是，我想知道为什么光是看到"小米"两个字，手就可以绕过我的大脑，直接点击购买呢？

人有一种"模式反应"，指的是人受刺激后，潜意识做出的某种规律、盲目、机械的行为模式。一方面，模式反应常常帮我们节省能量，自然地做出合理的判断。我们每一天都会收到很多外界的刺激，大脑没有那么多精力一一处理，只好交给模式反应来完成。例如，你从早上睁开眼后的一系列动作，大部分都是在模式反应的驱动下完成的，你会揉两把眼、拿起手机看看时间，然后刷牙洗脸、随机套上上班的服装……只有极少数情况下，你会用理智来重新规划这个早晨，例如你今天要坐飞机，或者要见一个重要的客户，那么多半你会认真看看鼻毛有没有跑出来，胡子刮得干不干净。所以某种意义上，人类是离不开模式反应的。模式反应就像电脑开机运行的程序，预设好，自动执行，高效。

但是有的情况下，模式反应却会让你陷入两难的境地。特别是当你的神智恢复后，会后悔自己之前随意做出的判断。例如有的时候，有些话自然地说出口已经伤了人，你才会暗自后悔不应这么说，应该那么说。可是下次当你被模式反应机器驾驶的时候，你还是会这么说。有的时候我们下意识地就会做出一些事与愿违的事，例如想当然觉得便宜没好货，想当然觉得漂亮女孩性格都高冷，想当然觉得报纸登的就是事实。

所以，非常有必要研究一下，在哪些情况下，我们特别容易开启模式反应机器。根据我多年的经验，归纳为三点：

第一种情况，是这个关联已经持续了很久，而且此前的体验也很好。例如每天早上我都会伸手在鞋柜上的筐里掏出钥匙锁上门，每天下班回家开门后也会自然地把钥匙扔回筐里，这个习惯直到我安装了指纹锁，不需要带钥匙了，我才慢慢改变。

第二种情况，是行动后的良好体验会巩固模式反应的效果，例如当我第一次购买京东的商品后，当天下单当天就收到货，这种网络购物体验让我好长一段时间都沉浸在购物的快感中。又例如小米产品的高性价比，让我每次收到货，连包装盒都舍不得扔，太美观太精致了，而且对比同类产品，价格相当吸引人。这种良好体验加深了我对小米产品的依赖，形成了自然的模式反应，只要是小米卖的东西，我都不再思考。

第三种情况，就是模式反应一般只会影响那些我们认为不是很重要的事情，当然这其中个体差异很大。首富觉得买房买车都是轻而易举的事，我就得辗转反侧几个月才敢决定。我的女同事觉得几百块钱的化妆品是普普通通的，我妈去逛超市的时候就总在 3.9 元茉莉花香味和 4.9 元梅花香味的香皂前犹豫半天。

总归来说，模式反应在大部分情况下替我们节省能量，但是很多时候我们又被模式反应捆绑。后来我回家，我妈问我小米公司不是卖米的吗？怎么邮寄过来一套棉被，我一时不知怎么解答，只好说，现在工作压力大，你看我都开始从文了，小米公司也在搞兼职。

4. 定向思维：原本就是这样的

大家有没有做过关于高考的梦？

我听过不止一个人跟我描述，在做重大决定前夜，会梦到回到高三、回到考场的场景。我自己也有类似的情况，离开学校多年，但每次拿到类似试卷的纸，例如居委会要求填写的问卷调查什么的，我都会手心冒汗、心情微微激动。在写这章的时候，我意识到这是一种对考试畏惧的"定向思维"。所谓定向思维，是指人长期受刺激—反应后形成的思维定式，再被刺激后下意识做出的反应。

但是从什么时候开始，我会一见到试卷就紧张呢？

我们可能都忘了自己小时候是怎么思考的，或者仅仅记得一些片段。小学三年级以前，我的大脑就像一团浆糊，大概没有什么定向思维。我可能会知道衣服湿了不舒服，但是绝对不会见到试卷就紧张，小孩是不理解试卷的含义的（但小孩也有自己的思维定式，就是去医院闻到消毒水的味道，就知道要挨针了，这也算定向思维的一种）。小时候，每件事情都是新鲜的，我们常常处于建立"定向思维"的好奇中。

小学三年级以后，随着大脑成熟和时间增加，"定向思维"开始逐步形成。例如那个时候我开始知道上学不做作业和放学挨打是连在一起的，门口小卖部的水浒卡和妈妈钱包里的钱是连在一起的，考试试卷做不好是和红色叉叉有联系的。我开始去建立事物之间的联系，来应对这个多变的世界。属于我的"定向思维"的大楼开始逐渐建立起来。

现在回过头来看，其实学习这件事，是有规律有技巧的。成绩优秀的同学很少会通宵做题、一丝不苟做笔记，当然疯狂做题和认真做笔记的同学成绩也是不错的，我的意思只是说这里没有正相关性。成绩拔尖的同学要么是本身热爱某学科，要么是掌握了学习的技巧和规律。

例如，曾获得我市希望杯数学竞赛中学组一等奖的 A 同学，是我的同桌，我很好奇他为什么每天上课都在玩游戏，但数学成绩还是很好。他对规律性的东西天然敏感，例如游戏中武力升级和攻击力的关系、买卖皮肤和时间的关系，怎么说呢，这方面，他就像呼吸一样自然地察觉到了规律，再加之适当的练习，令我们抓耳挠腮的数学题目，他边喝珍珠奶茶就能边给出 3 种解答方式。这种从小就有的对规律的因果关系敏感的判断，成就了他的数学、物理等与规则有关的学科。

又例如，初中开始就能供稿给当地文学期刊的才女黄某，中午看到环卫工人在路边吃炒米粉，也能写出"烈日炎炎下是谁在给这座城市降温"这样的文字。据她所描述，她大脑里面的文字总是能自己跳出来组织成句子，她只是勤快点把它们都抓住，然后就能在满分60的作文考试中得到58分，扣2分是因为错别字和怕她骄傲。有一次家长会，我才知道他的父亲经营着一家打印工厂，她从小随手就能拿到印有文字的纸张。这种对文字的敏感度与熟悉度，让她在写作中信手拈来，成就了她的英语、语文等与表达有关的学科。

有些人就是比别人更快找到他们定向思维的启动机制，这种模式反应能让他们在学习上远远优于旁人，再加上适当的努力，就成了叱咤风云的学霸，并且是那种"我也不知道为什么，就是比别人厉害"的学霸。但进入工作岗位以后，事情常常是多种机制混合组成的，一项工作可能需要专业、沟通、组织等能力。单独学科的优势很难发挥作用。可能就是这个原因，那些在学习时某门学科成绩很突出的人面对这种综合挑战反而与常人差距不大。

用学习来解释"定向思维"，是为了方便大家理解，长期行动和思维定式之间的关联。除了学习以外，我们脑中存在的大量"思维定式"，都是后天逐渐形成的，与家庭情况、生长环境、遇人贤淑、个人成长都有关。正如杰克·霍吉在《习惯的力量》一书中写道：

"思想决定行为，行为决定习惯，习惯决定性格，性格决定命运。"

短期看，定向思维似乎只是指导你做判断时有些捷径可走，长期来看，人的命运也受定向思维的影响。本书不涉及商业评论，但说到思想决定命运，不得不提"中国商业史上最具悲喜剧色彩的人物，史玉柱"（吴晓波语），如果了解巨人的发展史，你会发现史玉柱的商业成就与他"文弱书生的豪赌天性"的定向思维休戚相关。

现在我又坐在桌前，如同过去考试般，开始写书，紧张的情绪不由自主地产生，这种在我体内已经强化过千万遍的机制再次被激活，但是我不再像考试一样不知所措，因为"心理学四部曲"起效的定向思维的机制已经被我抓住，我告诉自己采用佛系写书法，如果与知识在过去有缘相识，自然现在就能写出，不用紧张。

5. 对比心理：生活冷暖自知

对比心理指的是，当两个或以上选择出现在你面前时，你对任意一个选项的判断会失真。一个简单的实验能让你感受"对比"心理：

在你面前依次放三桶水：一桶冷水、一桶常温、一桶热水，然后请你将一只手放入冷水中，一只手放进热水中。过一会儿，再将两只手同时放进常温水中。你会出现这样的感觉：尽管两只手放入同一桶水，但之前放进冷水的手会感觉热，而之前放进热水的手会觉得冷。

这个实验能生动地让你体验一把"对比失真"的感觉。心理学研究发现，对比原理不仅适用于温度，还适用于对重量、气味、肤感等其他感官知觉。商家们也发现了这个秘密，并在你没有觉察的地方广泛使用这个技巧。

使用对比差异时候，商家通常会给你两个选项，并且让你产生其中一个选项很傻的感觉。假如一杯 500ml 的咖啡卖10 元，一杯 1000ml 的咖啡卖 12 元，你会选择哪一个？大多数情况下我们会选择 1000ml 的，这很简单，多 500ml 只多 2

元，很明显是商家算错数了，选择小杯的顾客真傻！但真的如此吗？

我问过星巴克的员工，他们虽然不知道为什么总公司要把杯型设置为"中杯、大杯、超大杯"，但结果很明显，大部分人都选择了"超大杯"！在他们看来，小杯和大杯的存在，只是为了衬托"超大杯"更超值。这已经不是什么秘密了。这些细节说明，消费者很容易受到对比心理的影响，从而被商家引导到他们想要的选择上。

对比原则的威力不仅仅在于此，除了在感官知觉、价值判断上你会受其影响，生活中你也常常不自觉进入"对比"的心理中。比如当你走进一个大型商场，你打算在这里花多少钱呢？答案有可能是依据于你刚走进这家商场看到的那家店给你的感觉。一般商场最显眼的位置，会影响你对这家商场档次的判断：是一家卖高档服装的店，还是一个卖日用品、卖零食小吃的杂货铺；是一家装潢豪华的米其林餐厅，还是一个人声鼎沸的大排档。这都会让你产生潜意识的对比，都会影响你是否愿意在这里消费，消费多少。例如，在一线城市中央核心商超，商品更高档，你需要付出更高的代价才能拥有。但是如果你走进一个城市的步行街，你愿意花的钱又会不一样。

　　不仅仅是商场的外表会影响你的判断，当你在商场内购买物品时，导购员也常常使用对比心理让你多掏钱。比如你刚买完一套 1000 元的衣服，导购员告诉你，只要再加 49 元，你将获得同品牌的袜子一双，你会心动吗？49 元的袜子对比1000 元简直不值一提。但你回想一下，是不是也曾经在小摊小贩处，争论过 10 元 3 双还是 10 元 4 双的袜子。我的意思是，袜子之间的价值真有那么大吗？还是因为不同的情况，你对比的对象不一样所导致的？

　　俗话说，萝卜白菜各有所爱，每个东西都有自身的价值。真相是如果对比来看，你不一定还能准确知道自己的最爱是什么。对比原理往往隐藏得很深，不那么容易察觉。

成交的十个法则

第二部分 PART TWO

思想的价值和思想的影响力是成正比的。

———布尔沃·利

第三章　目标聚集法则

越突出的东西越重要，目标是将受众的注意力提前转移到说服目标上。

1. 聚焦：如何创造引爆点

在生活中，你应该会发现，焦点在哪儿，注意力就在哪儿。我们会发现人群中最高的那个人格外惹人注意；一群中国人里面有个外国人，也会特别显眼；所有小孩都在开心玩耍，哭的那个就特别突出。在泳池、在科室、在办公室，我们都会发现那些与众不同的人，那些身材姣好的女士、聪明智慧的好学生、英俊潇洒的职场精英，会特别吸引人的注意力。

心理学家很早就发现注意力对人心理的影响。20世纪初，现代心理学巨匠威廉·詹姆斯解释道：

"人的注意力分为两种不同的形式，第一种是定向注意力，能让我们把焦点放在严苛的任务上，比如驾驶和写作。第二种是不自觉注意力，主要来自大自然，如森林、溪流、湖泊。它来得很轻松，不需要额外的精神努力。"

现在的问题是，第一种定向注意力太多了，因为焦点可以被创造，然后再通过刻意引导吸引人们的注意力！举个例子，2018年的世界杯大家应该记忆犹新。尽管我不关注足球，但是相关的消息实在太多。报纸、电视、流媒体、自媒体全是关于梅西、C罗、内马尔的新闻。其中不乏引人入胜的故事：冰岛队在那年首次冲进世界杯32强，据称冰岛人组织10%的人民，到现场呐喊助威。看到此，你会对最后的比分不感兴趣吗？媒体谙熟人们的心理、大众的心态，他们知道如何能挑逗起大家的兴致。让大家去跟踪人性天然追求的事物，例如英雄、反转、黑马、内幕等信息，给这些球队、球星贴上对应的标签，然后让注意力集中在这个标签之上，这就是媒体的任务。

现代社媒实在让人心理憔悴，随时都在转移我们的注意力，媒体拿着"长枪短炮"一个劲儿地逼迫我们"快看这儿！""快看那儿！"聚焦的本质，就是焦点可以被创造，注意力可以被引导。

当然，现在要创造焦点也不是那么容易，一是因为人们的注意力都是有时限和阈值的，如果一件事情不具备成为热点的条件，人们往往会忽略。二是事件也在不断发展变化之中，没有恒久不变的焦点。三是世界正在分化，要想找出一个大众共同认可的焦点越来越难，未来世界就像是天上的星星，每一颗都代表一个观点、流派，再也不会出现大一统的情况（写下这句话的时候我联想到大数据时代，人类会不会逐渐趋同，追求一样的事物，如幸福、长寿等，所以还是在大脑中打上一个问号）。总而言之，想要设计一个焦点，然后引导大家的注意力来关注，需要考虑的事情越来越多。

互联网时代刚刚到来的时候，能在聊天室里远距离聊上几句话，就足够人们兴奋了。21 世纪年初的那几年，互联网世界真是新奇，网上阅读、网上购物、网上社交，每一项都像是颠覆了 2000 年的传统生活，而现在呢？一年换一个社交平台已是司空见惯的事情。注意力一直在流动，也带动你思维的发散。

现在我们常常会发现，人们有关新奇、神秘事情的探索欲前所未有地高涨，看看抖音、快手、微视你就知道我在说什么。焦点从一本书压缩到一篇文章，又从一篇文章压缩到一句话，现在一句话都无法吸引注意力了，你必须在 30 秒的时间里，把一本书要传递的内容全部说完，故事要有开头高潮结尾，笑话要有爆点、配乐、反转。人变得越来越浮躁，安静下来看一篇文章都很难，完整听完一首歌都会不耐烦，甚至开动脑子思考也不耐烦，所有的信息最好是像方便面一样，一泡就可以吃下去。

不知道这样的人类到底是进化了还是退化了，可能需要脑科学家对比一下互联网到来之前和互联网到来之后的大脑变化。可同时类比一下电刚被发明出来的时候，人们不再用晃悠悠的煤油灯、蜡烛，而是可以用上电灯泡；出行也不用骑马，因为有了蒸汽机。那时候的人是不是也曾像我一样怀疑，人类进化了？

总而言之，焦点和注意力相伴相成。在娱乐至死的时代，如果不想被信息淹没，就创造一些焦点去淹没别人吧。特别是在营销领域，市场部往往想在人们脑中植入一些内容，俗称洗脑。那么，以下方法能帮你更好地策划出一个焦点：

1. 焦点和想要推广的信息关联度要更强、更直接、更露骨。

2. 焦点的设计要符合五项原则：与受众直接关联、危险与安全、性与繁殖、价值与价钱、神秘。

3. 焦点不要太过刻意和明显。这个看似和第一条有悖，焦点和产品信息相关度高能让人产生联想，但如果两件事情本身关联度不高，硬扯上关系就容易让人反感。就像世界杯期间，最好的广告赞助商是那些与足球、健康、生活相关的产品或服务，2018 年世界杯期间还有一个令人匪夷所思的广告，来自某招聘 App 的"加薪我要和老板谈"，这个广告一反常态，完全不蹭世界杯的热点，就只能说这个公司还蛮有钱，花多少钱效果怎么样没关系。

2. 正向检测：从科学走向科学

我们老家有一位很传奇的人物，当地人叫他"鱼大仙"，据说他能破获天机，是上天安排在我们那个村的先知。我十分好奇这位大仙有什么力量能让整个村上百号人前后几代都纷纷受其影响？

先说一说这位鱼大仙，这个谜一样的人物，他长年独居，但村里人都说自己是他的亲戚，并且引以为傲，听描述大多是什么奶奶的弟弟的大儿子的亲家这种远房关系，也有的称自己出生的时候是大仙给起的名字，所以称他为干爹。

大仙的家门前对着村里最大的白果树，后来村里征地修路的时候还因为这棵白果树历史悠久，特意在路中间保留成一个环岛的形状。于是村民们又在传，鱼大仙的心其实和这棵白果树紧紧连在一起的，所以更加信服鱼大仙。

关于白果树的传说，我就不展开了。我们探讨一下这个鱼大仙，是怎么做到不花一分钱宣传，就成为这么一个先知的。

近距离接触鱼大仙，发生在一次我奶奶病情加重期间。

在医院反复治疗以后，奶奶病情不见好转，精神却逐渐萎靡，坐着看最爱的《星光大道》也能睡着。我爸想了想，四处托人希望见一见鱼大仙，我作为司机，陪同我爸前往拜会。快到环岛的时候，我悄悄跟我爸说，现在医疗这么发达，要不我们去省城看看吧，不知道这个大仙靠不靠谱。我爸说，拜访一下，至少不留下遗憾嘛。

于是我们推开大仙家的院门，一股香烟从门缝中冒出来，穿过烟雾袅袅，鱼大仙坐在院里一条长板凳的一端，问，你们来啦？

从环境烘托、权威感塑造、大众认同等多方面考量，鱼大仙都有可说之处，这些我留到之后再谈。但是这次拜访令我印象最深的，还是鱼大仙对于我们家情况的了解。之间的具体对话不太记得了，或许也是受鱼大仙影响我无意间忘却了，但是交谈中，鱼大仙竟然道出了我们的所求、奶奶的状况、我爸更深层次的需求！

坐下后，大仙用非常普通的言语与我爸交谈着，他一开口就说我们来找他应该是家里女性有情况，我爸连连点头说我奶奶最近精神很不好，不知道是怎么回事。大仙又问是不是也在医院接受了治疗，没有什么好转。我爸诧异连这个情况他也知道，因为他除了跟我说过这次拜访的主要目的，也没有告诉中间人任何信息。于是我爸和盘托出奶奶的病情，希望能得到大仙的帮忙。大仙点点头，念了一些咒语，之后给了我一包红纸包着的米，让奶奶逢睡前冲点水喝下，病情就能好转。

之后，更为神奇的是，大仙还意味深长地说我爸自愿背负太多的压力，是个孝子；他说我爸平常比较刚正不阿，特别容易陷入进退两难的境地；甚至问这几年我爸是不是改变了一些，希望能把家里照顾得更加周全，不愿意留下遗憾。我的天，全中，我作为第三者在旁听，居然也在这期间认为鱼大仙真的是先知。

回家路上，我爸一直在念叨着大仙就是大仙啊，真灵、真灵，下次一定要带我奶奶也来见见他。我却在思考，作为一个受过九年义务教育、高等院校培养的新世纪社会主义接班人，是什么力量让我也改变了看法？我发现自己对这个人的信任随着他不断说中而逐渐加强，就像围棋一样逐渐被他包围，这个是他之所以能影响我的最主要原因。

为什么会这样呢？

我认真回想鱼大仙的话，发现了一些端倪，发现了鱼大仙说的每一句话都有迹可循。例如他一开口就说我们家女性有困扰，这是自然的，因为我和我爸都上门拜访他，最大的可能就是家里女性有困扰；其次了解了是咨询奶奶的病情后，我相信他也能推断出我父亲是个孝子的这个结论；再加上我爸开始疑惑的语气和后来坚定的语气形成的对比，鱼大仙只是客观描述了我父亲容易陷入矛盾，但是又很正直的特点。这样说来，其实鱼大仙全程就像一个娴熟的心理医生，客观描述一些模棱两可、可以解释的话，又让我们不断接受正面反馈，这就是大家信服他的原因。

这种心理现象叫作正向检测策略，人们总是倾向于在一大堆复杂的事项中寻找自己熟悉的那一类描述，来自我印证，以此确认自己的行为是正确的。鱼大仙只需要广泛地使用大概率的描述，例如我父亲的孝心、刚正不阿的特点等，就能让我爸自己脑补这是多么确切，多么正确的描述，自然而然，对大仙的信任也增加了。

好了，你以为我要讲的是神秘主义？心理学概念？错，我想讲的还是有关如何提升影响力的方法。正向检测策略在营销的时候也经常使用。

例如，商家会使用模棱两可的描述，让受众不由自主地陷入角色，执行正向检测，逐渐加强对品牌的认可，例如"JUST DO IT""THINK DIFFERENT"，我们无时无刻不在变化中，可一旦某个瞬间的我们匹配上了商家的描述，我们就会产生化学反应，感觉这个商品就是为自己量身定制的。

正向检测常常在算命、占卜的时候发挥作用，甚至正向检测策略还会反过来塑造我们的性格，青春期的时候我特别迷恋星座，我爸出门翻黄历我出门翻星谱。星座的书里面关于天蝎的介绍我更是背得滚瓜烂熟，为了更像书里描述的那个我，我甚至逐渐改变了一些行为，例如书里说天蝎座的人充满神秘色彩、充满魅力，于是我开始营造神秘色彩，常常不回答老师的问题；看电视学电影中周润发讲话，声音压得低低的。你看，正向检测不仅在事后发挥作用，甚至在事前，就在塑造着我们。

3. 焦点之外：背景和背影同样重要

聚焦时，那些在焦点之外的信息同样重要。

有一段时间一打开网页，总是弹出一个颇具历史感的游戏画面：一个身穿中世纪盔甲的 2D 游戏人物对着一只鸡或者一只猪狂砍，然后装备"砰"地一下掉得满地都是……是的，就是"装备不用打，全靠捡"的《蓝月传奇》。后来广告商变化着不同的场景，有古天乐，还有张家辉的代言视频。没过多久，连从来不玩游戏的我的家人都知道这个游戏了。

奇怪，我们总是在说消费升级、观念升级，这个广告全凭搞怪作风吸引眼球，靠高频率的投放就能产生影响？它真的做到了。在电视时代，类似的广告还有碧生源减肥茶的"不要太瘦哦"，恒源祥的"羊羊羊"，脑白金的"今年过节不收礼"，南极人保暖内衣的"地球人都知道"，我知道这些广告现在看来真是有点过时了，没看过电视的人可能不知道我说的是什么。但也很可怕，这些诞生于千禧年的广告我居然现在还记得。而且，我身边好多人都记得。

现在又来了一个"装备靠捡不用打"的《蓝月传奇》，真是服了广告界。

转念一想，这是不是我们大脑的原罪——只能记住那种浅显、简单的广告。营销人员精心准备的那些制作精良的广告，效果却好像总是不好。我甚至有一个邪恶的想法，就模仿那些简单的广告，例如从十二生肖开始，卖牛奶的说"牛牛牛"卖肉的说"猪猪猪"，简单明了。事实上电脑弹页广告走的就是这种路线，随便点一下弹出来一个美女、一个大礼包，不懂互联网的人第一次打开电脑都知道这是什么。

以前我总是以营销人自居，对这种浅显直白的广告不屑一顾，直到我逐渐发现一些事实。第一个是一个在类似这种弹页广告游戏公司工作的朋友告诉我的，说他们公司盈利相当夸张，可以说是一本万利，投入小回报大见效快。这类游戏广告高频轰炸时，总是能吸引一些终日以网络为生的人注意，对于他们来说，充值就是信仰，游戏主办方甚至能做到一对一的服务，产生巨大利益。第二是有的时候会接到那种普通话不甚标准的"中奖电话"，我一般都是直接挂掉，但是新闻里总是出现什么大学生被诈骗电话骗去学费的消息，所以我开始想，原来这种简单的套路也是有人中招的呀。所以，简单直白的广告能起到作用，因为它本身就是一个筛选简单人的工具。

终于明白营销学常说的一句话：世界上没有不好的宣传。我以前很怀疑那些看似效果不好、针对性不强的广告能起到什么作用，但是事实是，世界太大了，只要一个广告被人看到，就一定会产生作用。如果一个简单的广告被反复收到，就一定会有人能记下来。这就是广告存在的理由。

中国已经进入品牌时代，我们有了华为、腾讯、淘宝这样的大公司。以前我觉得像这样的公司还打什么广告，全中国人都知道，但是他们还是不断投入广告资源。只是现在投得更加随意了，似乎打什么广告不重要，只要出现品牌就好了。就像我最近看的一个街舞的广告，天猫植入的广告词是"想炸场，不凉凉，上天猫"。很多人连"炸场""凉凉"是什么意思都不懂，反正知道是天猫打的广告就好啦。

那么，这种广告会有极端情况吗？简单、直白的广告是不是总能发挥作用呢？我想不是的，有的公司曾经出现了大的品牌危机，这时候广告在逆天下大不韪强行为公司"洗白"，就会引起观众的反感。另外我发现，这种简单的广告最好越低调越好，不要有逻辑也不要出现引人注目的关键点，用一句诗形容就是最好做到"润物细无声"。既要润，就是你传递的信息是浅显易懂的、高频率的，还要注意无声，因为一旦出现明显的逻辑漏洞就会引起受众注意。

背景很重要，能影响产品的销量，更重要的是，背景可以影响产品在顾客心中的认知。这才是我们需要深思的问题。

4. 心理暗示：你关心的才是头条

前两天我和家人去逛商场，正好碰到一场"爱狗大比拼"的活动。游戏规则很简单，参赛选手带着自己的爱犬，通过一系列考验，最终获胜者即可获得狗粮一袋。

现场有各种品种的狗，有梳着莫西干的比熊、有像一团棉花糖的萨摩耶、有精瘦的狼狗、有憨厚的柯基，虽然我没有参赛，但也饶有兴致地在场外观摩，我就是想看一下，哪种狗最乖，哪种狗在路上碰到了要绕着走。

很快我就发现了一个有趣的现象：有的狗狗在场外很听话，叫坐就坐，叫跑就跑，但一进入比赛场，就不太接受指令了，有的时候甚至会做出扑人的（训练好的狗狗是严禁扑人的）动作。这是为什么呢？受过良好训练的狗，在不同场景下为何表现出不同的反应呢？

在"巴普洛夫与狗"的反射实验里，我找到了一种解释。大家都听说过巴普洛夫成功在狗身上建立的"铃铛与口水"的反射，但这个实验还有另外一个版本：有的时候巴普洛夫发现，如果实验室里面有陌生人，即使摇动铃铛，狗也不会分泌唾液。这个小小的改变影响了狗的条件反射。

正如比赛场上，那些表现良好的狗，在全程比赛中始终抬头看着主人，狗能控制好自己的眼睛不东张西望，特别是在比赛中的"陌生人干扰""陌生狗粮干扰"的环节，无论其间诱惑多大，都不为之所动。但有的狗就无法克制环境改变带来的影响，表现出不听指令、不受控制的反应。

你可能会觉得莫名其妙，这个和我们人有什么关系呢？其实，在我们生活中也会出现这样的情况，某些因素会干扰我们做出选择。而这种受干扰做出的决策，又常常令人懊悔。

例如在旅游时购买的纪念品，我们明明知道大部分旅游商店销售的都是量产的小商品，但禁不住"一生就来一次，一次只买一回""这是这个地方特产，上过电视的"的诱惑，心甘情愿掏腰包。

我有一次惨痛的经历，某次去一个佛教圣地，在一个山间小庙里被住持以"天降奇石雕刻而成""只卖给有缘之人"的言语成功说服了，购买了一个 3 万元的陨石观音像，当我捧着观音坐在返程的飞机上时，突然想到，我是一个无宗教信仰者啊。

这时候，我跟狗有什么区别呢？被环境逼迫转变了心意，甚至转变了信仰。掏出了当时的毕生积蓄（住持还说我们这儿可以刷卡），购买了一个我都不知道放哪里好的石像。

当环境发生改变时，我们的注意力会被迫转移，继而做出事与愿违的决定。这也是一种影响力起效的机制，无论是人还是动物，都会因焦点转移而改变心意。

我也有成功排除焦点干扰的光辉时刻。有一次，我和家人前往某高档商场，准备去买些东西，进入商场前我们吃了顿火锅，大家知道，吃完火锅整个人就像一个行走的火锅，浑身都散发着火锅底料的香味。顶着这阵香我们进了一家高档首饰店，店员很明显闻到了我们身上的火锅味，钻石知识讲解和上一次去的时候讲解的差不多。再加上吃火锅的时候我就开始内急，到这家店又没有洗手间，于是只好忍着尿意、散发着火锅香、强颜欢笑，听店长讲解。

很快，店长就出现语无伦次、报价错乱的现象。后来我总结了一下，这是我第一次感受到掌控了自己的意识。因为从头到尾，我都只关注自己身上的火锅味和阵阵尿意，对璀璨辉煌巧夺天工的钻石一点反应都没有。

人和动物一样，在任何时候都会被注意力左右，如果你打算销售高档产品，最好在店里能设置一个洗手间，让顾客排除一切干扰后再开始你的解说；如果你想让听众耐心听你演讲，开场前的"请关闭手机铃声""洗手间在会议室左侧"

的提醒一定是必要的；如果你想让员工努力工作，最好不要用旅游、美女的电脑墙纸……

你要知道，这些看起来不起眼的因素会让人心猿意马。

如果你想成就一些事业，也要时时警觉自己要关心什么内容，如果你发现自己收藏夹里频繁出现八卦、娱乐新闻，这可能不是一个好兆头。"你关心的才是头条"这个宣传语看来不是今日头条产品经理的无所指向，而是一种广泛的起效机制。

为了警觉自己，我把观音放在门口，日日出门前提醒自己，今天，你关心的是什么呢？

第四章　思维联想法则

与目标相关的语言和情景都能引发思维定式，因此要创造一个与说服目标相一致的思维定式。

1. 发散思维：给大脑开个小差

"成交十法"第一法是目标聚焦，那么第二法就是它的对立面，发散。聚焦和联想就像一枚硬币的两面，常常同时出现，共同起效。

小时候我经常幻想自己是一个摇滚歌手，可能是因为从小比较寂寞，需要闪光灯照射；也可能是因为我爸播放的崔健的"新长征路上的摇滚"的影响；也有可能是对学习钢琴的厌恶和对电吉他的渴望。总而言之，我无数次在枕头上幻想舞台布是如何徐徐升起，灯光怎么从四面八方汇聚到一点，我轻轻咳了一下嗓子，震动耳膜的音乐激起了无限的欢呼声、呐喊声……

后来，由于学艺不精，我从键盘手变成了给乐队暖场的主持人，再后来阴差阳错变成了一个市场推广人员，奔走在大街小巷、广场、咖啡厅开会。现在，我自诩为一个培训师、演讲者，靠口才、舞台吃饭。无数个夜晚的幻想，塑造了今天的我。虽然我与摇滚歌手相去甚远，但每当聚光灯打起，我走上舞台，那种感觉是一样的。这里并不是想介绍一个失败的摇滚歌手的成长经历，而是想阐述想象、联想、渴望对一个人的影响，简单地讲，"你的梦想是什么？告诉我"。

大家都会有梦想，有的人从小就想开车，做赛车手体验速度与激情；有的人渴望刺激，喜欢蹦极、看股票上下起落；有的人喜欢安静，做一个书虫、一个流水线上的工作；作家韩寒在书里曾经写过一个人，这个人就是喜欢给别人搓澡，喜欢感受从脏到干净的那种成就感。梦想潜移默化地影响着每一个人，虽然大部分人说"我就是没有实现自己的梦想"，但其实人的每一个无意识的选择，都是梦想在操作着你的手。

这就是影响力发挥作用的第二大机制——联想。

外部环境常常引起人的联想机制，孟母三迁、贫门难出贵子等典故说的都是外部环境对我们的影响。例如少年时期外部的影响会影响孩子的性格和习惯，商人的孩子会算计不是基因问题，而是在每一次跟着父亲购物时，听到这个玩具成本大概是 3 元，那个玩具打八折才比较实惠的熏陶下逐渐养成的；建筑师的孩子立体思维比较好，也不是胎教做得好，而是父亲总是用充满空间的语言与孩子交流，这个地方大概层高 4.5 米，那座桥长度估计有 2 公里，孩子自然而然就学会了立体几何、空间思维。家庭环境非常重要，父母是孩子最重要的老师，习惯和性格的养成离不开父母的言传身教。

另外一个直观的外部影响就是居住环境，为什么临水而居、面朝大海的房子要贵上很多？如果窗外是一览无余的美景，每天清晨阳光都洒在客厅的地板上，此情此景只要想起心情都会美美的，何况每天都能感受清晨的第一缕阳光。居住环境从外部会渗透到心灵深处，影响我们的心境。我书房的窗外是深圳少有的山景，美中不足的是每天早上 9 点开始山下的地铁会定时呼啸而过，当列车开动的时候，我总是容易走神。写这篇文章的时候我才意识到，我逐渐养成了每天 9 点前坐在窗前完成一天最重要工作的习惯，包括写下这篇文章。9 点之后我就再也不会坐在窗前直至晚上地铁停运。

归根结底外部环境最终影响的是我们内心的感受，有的影响我们注意到了，大部分影响我们往往会忽略，但不代表影响不存在，没有潜移默化对我们产生作用。外部环境引起我们内心的变化的过程如水滴石、风抚柳。

联想会让人产生改变，在营销中应用得也十分广泛，例如上面所提到的房子，如果这个房子有外部的优势如靠山、靠海、靠水，营销广告上一定会出现临水而居、依山傍海、为"墅"不多等字眼，往往还会配上大海最美丽时候的照片；如果房子地处繁华，广告一般会出现车、都市、美女等引起你联想到滚滚红尘的图片，配文都是高端商务、精英人士；等等。仿佛住在这样的房子里我们就能成功，就能步上人生巅峰。但往往现实是在台风来临时在海边的房子里瑟瑟发抖和住在价格不菲的繁华路段每天精打细算地过日子。

营销人士深知联想就能让人飘飘然，并且应用联想的工具让人忽略短板、聚焦优势，达到润物细无声的境界。以前我写过一篇有关"正宗海南椰子产自海南岛"的营销案例，虽然客观地说这个市场部真有可能是前台兼职的，但也不得不说他们真是熟知消费者心理，椰奶和丰满的女性之间的联想被他们应用得炉火纯青。宝马二手车的广告也是应用联想工具的高手，一个高挑性感的女性配上一句话"你真的介意它是二手的吗"，这里不谈是否有对女性的不尊重，单从联想的角度讲，这个广告真是让人想入非非。从二手车购买者画像来看，大多数男性对这样的广告是没有抵抗力的。

　　联想发挥作用有时长久而绵绵有力，有时又短暂却又冲击感十足。联想发挥到极致，广告不管长短，都是十分有效的。我认为白日梦，是可以做的，这也是一种联想，我们要正视这种联想的力量，万一成真了呢?

2. 联想：看山不是山

什么是背景？是不是画面里那些不重要的元素？是不是衬托红花的绿叶？是不是站在某个人身后的人？还是我们那厚厚的学位证？抑或商业圈的人脉关系？其实，这些都是背景，只是背景的力量在于有形还是无形。

有些背景起到的作用是无形的，常常被我们忽视，可是它却实实在在地影响着我们的思维。我在深圳住的地方很特别，阳台和书房面对的是不同的景色，从阳台望出去是车水马龙的城市，汽笛长鸣、灯红酒绿，而从书房望出去则是这个城市难得一见的山景，满眼青翠。我习惯在书房写文章，写上一段看向窗外就是一阵发呆，这导致我常年拖稿，而且在书房写出来的文字，有一股天然的大自然气息，感觉类似《少年台湾》《孤独六讲》，特别适合写朋友圈那种温暖虐心回忆青春的文章。

后来有几次我无意间在客厅写文章，写上一段看向窗外的高楼大厦蜿蜒马路，工作奋斗事业的词汇就自动涌现，我也不知道是怎么回事。知道这个秘密以后，当我要写一些情感类的文章，像《30 岁的爱情朝向哪边》的时候，我就在书房写；如果是写职场老鸟新成就三项必修，那我就把电脑搬到客厅。就像吃川菜蘸辣椒酱吃粤菜蘸甜酸酱一样，眼前出现的景色和脑海里面思考的内容有一种神秘的联系。可能你觉得不重要的景色，却能影响你的心境、思维方式、思考重点，怪不得山景房、海景房那么贵，窗外的景色和房子确实紧紧相连，密不可分。

从营销的角度讲，我们也要充分考虑衬托产品的背景是什么。如果一款理财产品配的是茫茫大海或秀丽风光，会不会给人一种太过惬意紧迫感不强的感觉，进而影响销售；如果某服装品牌主打休闲自然的服装出现在电梯广告里，会不会让人没有心思去看广告词，因为脑子里一堆的工作。背景信息和我写作时窗外的景色一样，影响着我们的关注点。

当你看着窗外的时候，并不会刻意留意窗外有什么信息，你不会追着一辆车的车牌，也不会看远处的小鸟筑巢，你的大脑在飞速旋转着，视线只是毫无意识地在景色里面游荡，这两个体系看似毫无关联，可是却能相互影响。但是，如果背景里面出现一件不寻常的事情，却能马上吸引你的注意力，例如你正在像我一样构思着文章，窗外的马路上两辆车却追尾了，这时你多半会起身看看冒起烟的地方的情况。或者一棵大树在劲风中被连根拔起，你肯定也会起身看看大树的下场。我想说的是，有的时候背景也会变成主角，改变你的注意力和思维。只有那些一成不变、自然而然的背景，才能在没有人留意的时候影响你的思维。一旦背景中出现了明显的冲突，你的大脑就会调节到另外一个频道。所以，产品营销也要注意管理背景信息，不能强词夺理、喧宾夺主。可有的广告也不知道是为了显摆钱多还是怎么样，特别是那种请明星代言的广告，明星＋背景＋产品＋广告词，让人眼神都不知道往哪里放。

管理背景信息是一个系统工程，产品设计、宣传、文案、代言、营销策略都要考虑，每一步配上什么样的背景信息。例如在设计一款主打纯天然的绿色食品时，牛皮纸的粗糙触感就远优于塑料的光滑现代感，可如果设计的是一款全新高科技手机，采用塑料、铝制，甚至更加精致的合金来做外包装，就明显能改善顾客拿到产品时的第一感觉，这些都是背景管理的范畴。例如文案的背景管理，号召捐款的文案运用暖色调的文字如爱、关怀、信任能起到较好的效果，号召参军参战的文案最好用冷色调的词汇如坚强、果敢等，再结合坚定的句式如我们民族永不停止奋斗等，效果会更加好。

营销是为了最大化挖掘产品的商业价值，商业价值却决定于人们心理对产品的认知，所以营销与顾客心理密不可分。
在探寻顾客的认知的时候，背景信息同样能起到很好的作用。
例如开展与产品相关的品鉴活动，高档茶叶的高端茶会品鉴
会，高档酒的品酒会、车展上的靓丽车模，等等。虽然不是
直接推销产品，但是活动品质与产品品质搭上了桥梁，这些
都是对产品的背景管理。为了加深顾客的心理认可，很多企
业热衷于调研问卷，顾客在这种引导下的单方面优质评价会
加深对产品的认知，以及对优势的认可。我们可以讲"凡是
影响必有背景"，直白地销售产品会引起人们的反感，特别
是当别人意识到为了获得这个产品自己将要付出什么时，产
品的重要性就会降低。可是当你将产品放在一个顾客不会感
觉到的背景环境里时，顾客的抵触情绪就会大大降低，进而
给了产品一个"登堂入室"的机会。

　　背景很重要，能影响我的写作，也能影响你的工作产出；
能影响我窗外的景色，也能影响不同景色的房价；能影响产
品的销量，更能影响产品在顾客心中的认知。

3. 感官思维：萤火虫的魅力

前几年去台湾阿里山旅游，有一段经历至今让我印象深刻，可以说是帮我打开了另一扇世界的门。

单单看宣传图片我觉得阿里山夜晚的萤火虫没什么意思，不认真看还以为是打印机坏了出现噪点。只是入夜后的阿里山也没有什么其他活动，再加上刚刚恋爱，晚上看看萤火虫应该是很浪漫的体验，于是我与爱人欣然前往。

车离开小镇行驶一段时间后，停在一段没有路灯的半山腰上，下车后周围一片漆黑，只有月光照耀在山间。我掏出手机准备照明，女朋友制止我说不要太亮了，就让眼睛慢慢适应黑暗。于是我们就信步走在小道上，过了一会儿，原本漆黑一片的路边逐渐泛起了点点微弱星光，绿莹莹忽明忽暗的星光逐渐布满了行走的小路，原来夜晚的无名草丛中还有那么多的精灵，那是我第一次感觉到了自己的眼睛。就像有源源不断的能量涌入我的双眼一样，那些微弱的光透过我的眼睛，告诉我它们的存在。

我用眼睛看了世界 20 多年，却从来没有意识到双眼的存在。直到在一个普通的夜晚，感受到了视觉带来的冲击。我也强烈建议大家，有机会在夜里看看浩瀚的银河星空，看看凡间的萤火虫，你就明白我所说的体验不假。

人的体验无外乎几种，触觉、视觉、听觉、嗅觉、口感，还有一些第六感什么的就暂且不谈。当你认真接收一种通道的信号，如认真地看某个场景、认真地聆听某段音乐、认真地嗅花香的时候，这种纯粹的感觉总是能让你印象深刻。在我的回忆里，那些动用了感官体验的回忆更加色彩斑斓，每一个细节也更栩栩如生。我甚至设想，能不能策划一些纯粹的感官之旅，让旅游不再是简单的走马观花，而是有主题地开发自己的感官。例如一场沙漠中星空的视觉之旅、一场海上海浪的听觉之旅、一场大自然食材的味觉之旅等。

另外我发现，当你沉浸在一种通道的体验时，其他通道常常会关闭。认真听音乐的时候视觉似乎不那么重要，认真看景色时味觉会淡化。请你回忆一下最近一次去星巴克，你在品尝咖啡时店里放着什么音乐？能想起来的歌曲多半都是之前听过的，旋律一响起你会说，噢，这是谁谁谁唱的歌，但是对于其他没有听过的旋律，在你品尝美食、咖啡的同时，你很难记得。当某种体验占据你的大脑时，其他通道的信号就弱化了。

这也是为什么我们常说要专心做一件事情，事实上你也无法在同一个时刻保持多通道的体验。一边听歌一边做作业并不能躲开妈妈的唠叨，而且你会毁坏歌曲的快乐和思辨的快乐。一边开车一边打电话不是因为你能力超强，只是你运气比较好，大家都遵守交规。

话说回来，当我们试图说服别人时，如果能让别人有一种难忘的体验，说服就成功了一半。影响力发挥作用的机制多种多样，特殊的体验是一种无法被替代的力量，它留在体验者的心中，就像种下一颗种子，只会逐渐长大，不会消失。

在市场行为中，也有很多运用单通道策略的广告，有一次我去试驾帕拉梅拉轿跑，销售商就故意把车窗紧闭，先是让发动机轰鸣，点燃我的听觉；然后伴随着速度感推背感，成功调动起我的肾上腺素，这一刻，独特的体验和这一款钢铁机器连在一起，似乎赋予了它新的灵魂。有的时候在超市里，商家会刻意煎煮一些牛排、鸡排，让大家看着听着滋滋的美味在锅里翻滚，再亲口品尝一下这外酥里嫩的美食，这明显提升了你购买一袋速食鸡排的欲望。

这样的体验数不胜数，特别是一些具有多通道感受的产品，最适合使用这种方法，给顾客留下深刻的印象。尽管到处都有萤火虫，但是在深山老林里自己像原始人一样感受到的光芒和在宣传单上看到的萤火虫画面，还是不一样的，至少前者真的很浪漫。

4. 名字：不仅是一个人名那么简单

如果让你猜我的理发老师叫作什么，你首先大概率想到的是 TONY，这是一个只有中国人能看懂的笑话。不用调研应该也可以断定：全中国每个理发店都有一位叫 TONY 的理发师。如果你的朋友叫作 TONY，你甚至会先入为主地判断他的职业。一个名字就能让人产生丰富的联想，仿佛 TONY 老师正站在你身后，问镜子里的你想要一个什么样的发型。

当然，这篇文章不讨论理发，我们继续交流关于"联想"对成交产生的作用。

亚当·奥尔特在《粉红牢房效应》中用了一个章节专门阐述名字对人的影响：

"名字远比我们凭直觉想象的重要，从你的名字本身，人们就能大致推测出你的年龄、种族和经济状况。"

只听到某个名字，就足够让你产生联想，人的名字会呈现出甜美、力量、聪明等不同的意向，好的名字寓意往往能让对方迅速关联到某个朦朦胧胧的印象，例如亦凡、亦菲、俊凯。如果很难想到好意向的名字，至少选择流畅的名字，流畅的名字让人感觉熟悉，而那些拗口的名字、生僻名字往往给人距离感。因此哪怕彼此没有见过面，名字也能对人有正面或负面的影响。

聪明的人已经注意到了这点，每一次名字被提起时，都会稍微影响你的运势，积少成多，会累加在你的人生发展、职业道路、择偶选择，甚至下一代。因此，中国人取名字常常请家里的长辈做主，他们见多识广，在这个重要的事情上，需要他们的智慧。

公司的名字同样重要，特别是股票名字、公司名字，甚至股票代码！中国股市风云莫测，前些年一只股票居然叫作匹凸匹，这样一个儿戏式的名字后来被上交所勒令改名；喜剧演员沈某在海南注册了一家公司，叫作"海口那可是家大影视文化有限公司"，公司刚注册就被人挖出来调侃，当然这样的名字起到的宣传效果也是不错的。

除了名字，数字也发挥了相同的作用，例如医药板块的三九公司，他们公司的人推荐股票都是"三九公司的股票代码就是000999"。这样让人产生的联想，简单、直接又有效。所以有人戏说，创业公司要思索的第一个重要的事情就是取一个好的名字。

有的时候，联想发挥作用，甚至不需要具体的文字、数字等内容，只需要一个特定的符号。这里的启示是一个符号，与某家公司的主营业务应该是匹配的，不管是文化还是内涵上，都最好有一个合理的联系。中国企业偏爱动物，如腾讯的企鹅、阿里的天猫、京东的狗狗，其中阿里尤为突出，陆续推出了具有河马、犀牛等意象的子公司，就像动物园一般，让科技与人的感觉自然而亲近。

很多人以为使用晦涩的字眼能让他们显得高人一等，让品牌似乎更有"格调"，但这往往会造成反效果，晦涩的文字让接收者难以产生联想。这个道理很简单，人脑就是喜欢简单的事物，当阅读信息的速度越快，大脑接收到的信息越好理解，我们就能越快领悟背后的概念。消费者记不住你，他们可不会承认是因为自己认识的字太少或者记忆力不好！

第五章　互惠互利法则

人们感觉有义务偿还别人给予的恩惠，就会知恩图报。抢先送出有意义、出乎意料、量身定制的好意能收获回馈，最后达到双赢，这就是互惠互利法则。

1. 恩惠：送礼是一种原始冲动

前几天，家里没米了，于是我打算去逛逛超市，一进门看到满目琳琅的商品，我内心就想：现代社会真好。我漫步在一排排货架中，准备采购一些大米回去。大家应该也有过这种经验，超市里每隔几步就有一个小摊位，可以现场品尝烤香肠、煎排骨、牛奶饮料等免费品尝的食品。我边往嘴里塞香肠边想，为什么这里有那么多免费品尝呢？如果尝过的人都不买，那商家不得亏死？从简单的逻辑来讲，这里的商品免费品尝行为已经持续很久了，而商家还没有倒闭，所以尝过的人大多数应该还是购买了。那么问题就来了，是哪个天才想出来让消费者免费品尝这种营销方式呢？

在营销公司的办公室里，应该有那么一群人，通过翻营销书、听大师讲、自己从别人那儿学等途径发现，如果我们搞一些免费品尝的活动，购买率就能比不做活动的时候提升10个百分点。所以应该每天都有人在摊位招呼"香喷喷的香肠咯，快来品尝"，但是究竟是什么原因促使消费者购买呢？

这种"赠品"策略，在很多营销场景里都会出现。例如餐厅送的代金券，逢年过节流行的互送特产，甚至我妈妈常去买菜的摊位每次送的香菜。还有老人常说的"舍不得孩子套不着狼""赠人玫瑰手有余香"等。赠送礼物仿佛是一种跨越行业、跨越种族的习惯。当然也并不是每一个领域都会出现商家"免费赠送"的事情。例如殡葬业就不会说先送你一个骨灰盒你躺躺看舒不舒服再买。房地产商现在也没有策略说这个房子我先免费给你住一年，合适了你再给钱。赠品策略并不是每一次都能起到作用，所以，我们有必要了解一下当这个礼品，或者说心意从发起方转到接受方的时候，发生了什么。我并没有说是从商家转到消费者，有的时候，爸爸为了晚上出去和朋友喝酒也会提前给妈妈准备一个小礼物，可能是出于求生的欲望或者真的洞察了女性的心理。我想说的是，发起方和接受方不一定对应着商家和消费者。

比较简单的是接受方这边，大部分时候接受方并没有提前准备接受额外的惊喜。如果你走在路上突然有人停下来跟你说，"你好！我想缘分到了，我想送你一个手机"。这个概率是比较小的（出现了记得报警）。所以当出现一个意外的惊喜的时候，只要这个惊喜还没有牵动你脑中的那根警惕的神经，人们通常会表现出一种惊讶、意外的情绪。伴随着这种情绪而来的通常是要报答对方，对这个惊喜做出反馈的心理。大部分时候，由于人的大脑的偷懒，我们只是简单地执行接受—回馈的机制，所以营销手段屡屡见效。

稍微复杂一点的是发起方这边，或者通常来说抱有目的的这方。不管是让你免费品尝的商家，还是一个初次谋面就送你见面礼的人，或者是男女交往初期男方的慷慨赠送，都可以归类为发起方。发起方的心理是：我已经知道给出一个情理之中的意外惊喜，能激起对方的反馈机制，于是在对方不察觉的情况下，我要设计一个合情合理的意外，让对方掉进我的"陷阱"，最终达成我的目的。发起方这边通常是知道这个原理的，赠人玫瑰，不仅手有余香，对方还会投桃报李。这种行为达到的效果可谓是互相恩惠。

虽然我写得比较黑暗，大家也不必太紧张说以后再也不接受别人送的东西了。从发展心理学来看，这种机制其实是有利的，接受—回馈的约定形成于古代原始社会时期。一个原始人出去打猎，运气很好满载而归，觉得自己也吃不完，于是他想着送一些给自己一直心仪的那个女猿人，那有一天当这个原始人没有打着猎物的时候，他回来还能吃女猿人因为上次的赠予回赠给你的小果子。这不就是爱情的萌芽吗？

接受—回馈这个制度对于大家是有好处的，因为当你某天颗粒无收的时候，它会保障你不会饿死。如今，很多人会购买保险，会定期存款，也是基于这样的考虑，这样你知道就算某天自己不工作，自己所积累的技能、金钱也能维持目前的生活。如果没有这样的基因，原始人会在冬天饿死，而现代人则会在失去工作后失去生存必备的物质条件。因此，互惠是埋在人类血液中的原则。

所以，那一天，我扛了4根德国香肠、2块澳大利亚排骨、1袋大米回家了。

2. 人情：收到的不是礼品，而是罪恶感

杜月笙说，最难的就是人情。

中国人可能是最会送礼和收礼的人了。我还在读书的时候，妈妈为了让老师更加关注我，在家长会之后就会偷偷给班主任送一个小礼品；工作第一年，我爸担心我在单位不受领导待见，过年还特意买了腊肠准备送领导；初次见面的人也要习惯带上一份伴手礼……我们是那么会送礼，好像没有什么关系是送礼搞不定的。

前段时间阳澄湖大闸蟹上市了，一个江浙的朋友第一时间给我快递了8只尝鲜，虽然很好吃，但我并不是沉浸在美味中，而是思考怎么回礼答谢他。这就平添了一个选礼品的烦恼。我想起蒋勋曾回忆到他小时候家里的友人从大陆带大闸蟹到台湾，那时候经过了层层关卡的大闸蟹显得尤为珍贵。但他没提是怎么报答这个友人的。有的时候我们无法分辨哪些礼品不需要回礼，哪些需要回礼。轻的礼品收了是累赘，重的礼品收了又可能犯法。不收让人尴尬，收了自己矛盾，这真是成年后必修的一门课。

所以，有必要研究一下，送礼背后的原理到底是什么。

大家都知道一个朴素的逻辑，原始人某天出去打了很多猎物，聪明的做法是分一些给别的猎手，因为要考虑到假如某天运气不好，至少不会饿死。于是送礼这个行为逐渐被雕刻在我们的基因中。乃至衍生出了很多美德，例如慷慨、大方、赠人玫瑰手有余香等。送东西给别人牵扯到很多的心理现象，如何选择一个对方喜欢的礼品，什么样的礼品会产生更持久的效果，等等。

我的经验是，送礼的时候，如果这份情意没有明确让对方感受到价值或者意义，这个礼品多半会被误解。例如，中秋节的月饼、逢年过节的年货等。谁会留在家里啊，就是礼品的年度走秀现场，从张三家出去逛一圈说不定最后又回到张三家了。

所以偷偷在礼品下面粘一个假装忘记撕掉的价格条码虽然看上去很蠢，却能直接让对方知道这份礼品的价值。或者，用已经有公认价值的礼品："老张，送你2斤黄金啊，在月饼盒里装着啊。"价格直接和价值挂钩，但还有更高级的赠送方式，就是送出意义。

例如，第一次看电影的票根，第一次出游的合照，第一次夹中的娃娃，或者自己出的第一本让老板作序的书，等等，赋予礼品一个独特的意义，也能让礼品更加出众。现在的商家已经将"独特的意义"做得炉火纯青了，如刻字、打印上编码，等等。

送礼或多或少都有目的，没有目的的送礼叫作慈善。我们给接受恩惠的人强加了一种负债感，让他们感觉自己占了别人的便宜，一定要等额甚至超额地回赠对方，以此来确保下一次自己还能收到恩惠，维系这样的恩惠体系能传播下去。送礼常常有效，就是因为这个世界有良心的人还是很多，他们会报答帮助过自己的人。

虽然道理很简单，但送礼和收礼，代表着某种社会的礼节。良好的互动是建立信任的基础，可能我们不应该过于担心欠别人人情，只要懂得有借有还就可以了。

其实，当年杜月笙不就是靠着人情搅动着上海滩的风云吗？

3. 送礼：礼轻人意重

我有一个同事 A，从来不接受任何恩惠，工作中有需要他帮忙的地方，直接邮件、微信把事情说清楚就好，该来的来，该介绍的介绍，就是不受任何恩惠。这样性格的一个人，应该是全公司的道德楷模才是。可慢慢地，他帮助过的人只会在有事情的时候找他，甚至理所当然地认为应该由他解决。大家都逐渐远离他，聚会的时候也不叫他，有好的福利也没人通知他。每个公司都会有这样的人，大家都叫他老好人。

相反，还有一个同事 B，以人脉关系广出名，他总是麻烦别人，每天在微信群里都是"哪个小天使帮我解决一下这个……张三求求你帮我个忙……李四大哥这个没有你搞不定啊"，大家都说这个人没有什么真本事，只会溜须拍马，可人际关系好的也是他，晋升最快的也是他。我偷偷问他的秘诀是什么，他说也没有，就是每次麻烦别人之后都会送一个小礼品，就这么简单。

同事 A 和同事 B 生活和成长的环境不同，就形成了不同的处事方法。其实他们是因为本质不同，并不是通过读完这篇文章就会恍然大悟说"哦，原来我应该多买点东西送给别人"。而这样的结果，主要是由互相恩惠建立的信任，继而形成的人情关系网在后面起作用。现代社会，送礼究竟是一件好事还是坏事呢？

有人会说，我也不懂送礼，也没有什么机会收礼，其实不对，只要你还活在现代社会的人群中，基本天天都会接触到恩惠的情况。逛商场的时候每一个让你试吃香肠、试喝牛奶的摊位，动辄送你一个月的免费会员的视频网站，汽车的试乘试驾……其实无形中，你接受了很多恩惠，这些恩惠在引导你做出回馈的时候，甚至没有通过你的大脑，就直接下了命令。不信你看看你每个月手机的套餐，看看捆绑的五花八门的会员，看看每次去逛超市囤积的商品。如果不认真思考这个问题，可能我们永远也不会发现，什么原因让我们成了月光族、剁手党。

对于商家来说，只要限定促销的范围和力度，几乎总能收获超乎寻常的回报。促销活动不是送礼活动，就连我们公司的 OTC 药品都可以通过促销提升销量（不是必需品），这是一个百试不爽的招式。商家通过赠予免费品尝的样品收获你对于这个品牌的一次认知和切身关联，这个作用是在高速路上树一个牌子比不了的。虽然促销耗时耗力，可认知就像钉钉子一样，将那些犹豫不决、不明就里的消费者紧紧锁牢。

有一次我去澳门旅行，酒店一楼是赌场，我再三跟自己说，你是一个控制不住自己的人，千万别去赌。甚至我都没有换购澳币，这样就没有办法去换筹码。可这一切都在服务员说"我们给下榻本酒店的贵宾准备了免费的筹码兑换券"后崩塌了，我无法将这张筹码券冲进马桶里，至少在贪小便宜的人那儿，多了一个"反正是赠送的，我去试一试运气就好"的想法。尽管这一次你得到了回报，赌场却在你心中生了根。商家通过这种方式替你打开了谨慎的大门，勾起你贪婪的欲望。

对个人来说，送礼是一种建立信任、搭建人情网络的有利方式，对商家来说，送礼是一种打开局面、促进销售的高效行为。所谓礼多人不怪、拿人手短，这样看来，我们也可以说是送礼促进了人这个种族的发展，毕竟不送礼，可能连女朋友都没有。

4.陷阱：小心购物的诱惑

十年了，如果十年前的 11 月 11 日的晚上我没有打开电脑，今天，我应该已经住在自己的别墅里。如果未来有一个人回到现在应该会很奇怪，一个略带嘲讽的日子居然被商家营销成了购物狂欢，地球怎么了？人类怎么了？

多年前我还住在公司宿舍，那是 5 个人一起蜗居的套间，11 月 11 日的凌晨 3 点，宿舍书房的门缝下透出点点白光，把准备起夜的我吓了一跳，我蹑手蹑脚地打开房门，赫然发现宿舍里最不讲究、最不喜欢购物、最糙最爷们的老张，居然裹着棉被守在淘宝的主页，睡眼惺忪地等待"深夜流星雨优惠券"。我的妈呀，"直男"都被淘宝"掰弯"了。

我另外一个女性朋友李 MM，平常节衣缩食的，号称从来不用自己家的水洗脸刷牙，都是来公司化妆的节约女王，双十一过后的工作日每隔十分钟就要到楼下取快递（依然抠搜因为公司前台不用收保管费）。双十一在人性改造方面也是威力巨大。

所以，每年双十一到来之际，我的心理就极度扭曲矛盾，一边告诫自己买房大业未成，现在不宜奢侈糜烂；一边心痒痒想登录看看今年双十一有什么惊天礼券以及错过等 100 年的优惠。好在那时我开始写头条号，准备写一系列关于购物心理的文章。我本着让全体网民受益，牺牲自己钱包的心愿，给自己一个心安理得上网购物的理由，打开了购物网站。

第一个购物的诱惑是捡便宜的心态，很多人准备在双十一购物就是因为被商家不断洗脑：双十一是全球商家自杀式行为现场，其实他们很抗拒，但是为了让大家过上更美好的生活，所以在双十一那一天齐齐降到内裤价，亏本甩卖。店主倒在血泊中气若游丝地呐喊着"这台笔记本再降 50 元吧不能让大家失望""抵扣券送到客户手里了吗？"你好意思不把东西添加到购物车里吗？商家还会适时地发送一些小礼品、小恩惠，让消费者切身实地感受到马云"爸爸"对大家美好生活的关怀。而消费者本着一买泯恩仇的心态，要捡尽商家的小便宜，要让资本主义剥削劳动人民的血汗在今天都得到偿还。所以互相恩惠让双十一有了共识基础。

第二个购物的诱惑是稀缺在作怪，双十一每年只有一天，错过再等一年；商品特价仅限当天，错过掐大腿；超值礼包仅限一日，不买妈妈不爱；全民抢购 100 件特价商品，手慢砸电脑；从 12 点开始每个整点限量红包优惠券，不抢对不起祖宗。缺缺缺，你不买，马上就失去拥有它的机会；买买买，只有添加到购物车才能永久拥有。稀缺的诱惑让我们失去判断的能力，在极短的时间内，只能用最肤浅的思考做出决定，而一般大脑都会告诉你，不管是什么，先占有更好。代价？那是之后才会考虑的事情。

第三个购物的诱惑是提前被"种草"，层出不穷的软广告硬广告，日日轰炸我们的大脑，对看重情感的人用视频、语音感化，对看重品质的人用代言、品质洗脑，对看重逻辑的人用文章、观点同化，现代人喜欢什么，不喜欢什么，可能真的还不如以前包办婚姻的年代。营销的人都会告诉你跟着你的心走，可你的心是跟着大脑，而大脑是被设计好的营销文案绑架了的。双十一只是给"拔草"找到一个合适的借口，就像春天适合播种秋天要收获一样，双十一就是一个你"拔草"，商家收获的季节，检验一年市场文案做得好不好，营销够不够深入的日子。喜好原则看似很主观，其实都能被设计的。

营销人将好的产品传播到更广泛的地方，是能力。可是将社会不需要的商品、人们没有的需求通过营销推广出去，却是道德的问题。如果能认清自己在下单时真实的需求，去除那些因为想要捡便宜的心态，因为稀缺而抢购的心态，那些被"种草"可细想全无一用的心态，我们可能会生活得更好，而商家也能琢磨人们真正的需求，这不是更好吗？

第六章　收集好感法则

人们愿意答应自己喜欢的人提出的要求，通过拉近关系和表达喜爱，让对方喜欢自己。

1. 首因效应：有好感事好谈

有时候我们遇到一些人，不知道为什么，就是会对其产生好感，然后我们就愿意听他说话，愿意和他讨论问题，也更愿意接受对方的推荐。营销中人力资源是很重要的，特别是对商场的销售员。调查发现，顾客对销售员的好感，在成交因素中占的比重比较大。

想要验证这个结论，你可以尝试下。比如，你去茶叶市场买茶叶，你会逐一和店员聊天，同样品种的茶叶，你会选择与给你感觉最好的销售员成交。从心理学角度来讲，当我们喜欢一个人的时候，我们就很容易受其影响。

可以肯定的是好感是一种能影响人行为的力量,那么问题来了,如何让人对我们产生好感呢?

第一,感觉很重要,也就是首因效应。那么什么是首因效应呢?第一感觉又决定了什么?

我们回想一下自己走进商场里的某一家服装店时第一眼的感觉,衣服琳琅满目,当销售人员向你走来,我们先看到一个女销售员的样貌,接着是听到她的声音,首先我们关注的是销售员的服饰,闻到了她的味道,察觉到她的行为举止,这些感官接触到的信息汇集在大脑,你对这个人的第一印象就诞生了。

我不是美学专家,第一印象也不全部关于美学。样貌会决定一部分舒适感,标致的五官让人产生愉悦感,符合对称原则、黄金分割比例的五官,给人感觉更加自然,据说网上有电脑模拟的黄金分割的脸,大家可以搜一搜感觉下。声音是第二个开关,声音太高或者太低沉都会让人产生不好的联想,太快的语速也容易给人信心不足的感觉,太慢的语速往往性子也比较慢。接着是穿着,整齐端庄的服装意味着对方比较注重外表,标新立异的搭配体现对方年轻或艺术的一面,让你有种舒服的感觉。然后我们观察到对方的行为举止,走路、站立、坐卧的姿态,透露出一些生活的习惯,会表现出一个人的修养。第一感觉可能一闪而过，会有一种这个人好像谁谁的模糊印象，或者这个人说话挺温柔。之后，第一感觉也可能变成一个判断：这个人给我的感觉舒服吗？

如果第一感觉很舒服，这就建立了好感的基础。其实这种好感基础是相互的，销售员也会对你有如此一个建立好感的过程。

与第一感觉相关的，是相似的感觉。这里所讲的相似感觉，是直观体会到的。例如外表的相似，岭南人有独特的面容特点，高颧骨、凸鼻嘴，当两个广东人见面，很容易就能找到第一个相似点。其次语言的相似，潮汕话晦涩难懂，一旦学会，往往代表你有了潮汕商圈的入场券。行为举止的相似，例如喜欢喝不加糖的咖啡，偏好川菜，喜欢钓鱼，等等。人类往往自恋，在茫茫人海中找到那个和自己相似的人，便很容易产生一种镜像自己的好感。

相似的感觉可以通过着装、行为、言谈塑造，既然外表可以包装，那么相似性也是有策略的。例如穿西装，就能让职场中碰面的两个人很快产生相似点。创造相似的感觉，后文我也会重点介绍。

最后一种产生好感的秘诀，叫作制造高下感觉。在相处的初期，人们是能比较敏感地分清两人的高下状态，这应该是出于保护自己的心态，相处中较强势的，我们称为高位状态，他貌似更有掌控权，安全更能得到保障，因此会感觉舒服，继而也会对局势产生好感，对相处对象产生好感。注意，这里用的是貌似，其实在很多营销场合，客户在初期都是较为强势的状态，优秀的销售人员可以通过语言行为引导，创造好感的同时，抹平高下差。优秀的销售人员常用的一个技巧，也是一种很容易让对方产生高位感觉的方法，就是赞美。赞美对方意味着承认自己某方面羡慕对方，也不如对方，这样能让对方放下心防，产生好感。另外还有一种方法就是，引导对方说出自己擅长的方式。通过这样的引导，也能让对方逐渐进入掌控的局面。但是你我知道，真正掌控局势的，往往是看似弱小的一方。广东人常说"扮猪吃老虎"，就是看似愚钝的人最后往往能啃下大项目。四川人经常说"软人才是歪人"，这里的"歪人"就是厉害的人。

例如赞美、引导优势这样的技巧，能创造高下感觉，制造好感。因此制造好感是有迹可寻的，可以通过设计发挥影响力。以下我们简析几种能让对方产生好感的技巧。

第一个技巧就是学会打扮自己。给人良好的第一印象就从打扮自己开始，男生勤理发，保持面容的整洁，女生注意服装的搭配，形成自己的风格。昂贵的服装从面料上是能看出来的，也需要重点投资一下。从团队上来说，统一的造型和服装能遮掩部分成员身高不足、样貌欠佳的缺点。

第二个技巧是学会寻找相似点。既然相似能带来好感，那么拜访客户的第一个目标，就应该是寻找与客户足够的相似点。我们很难判断直接从客户口中得到真实的好感度评价，但是相似度评价是有指标的。相同的家乡、学校、经历都是加分项。凡是能提高好感的相似点，都应该牢记。我听说过一个极端的例子，因为酒驾共同被刑拘，居然让两个人结下了深度的友谊。

第三个技巧是主动示弱。赞美是示弱的技巧，主动示弱，揭露自己的短板，或者通过自嘲的方式，让对方全面了解自己，也是一种制造高下感觉的好方法。我们也要注意，高下感觉只是前期制造好感的一个阶段，一旦确定，并不利于后期平等合作关系。

有了好感，一切事情就好谈了。制造短期的好感，貌似很简单。但是人们相处是一个长期的过程，如何让好感的影响力持续呢？下文我们将提到 IP 的打造，也就是人设。

2. 目标效应：打造独特的人设

每个人都是很独特的个体，有自己的喜怒哀乐、优点和缺点。被人记住的，往往只有那屈指可数的特点，这些特点让对方产生好感。但随着时间的推移，记忆力会下降，好感度会逐渐下降，影响力也会随之消失。当你的客户都想不起你时，除了指望他不删除你的联系方式，你还能影响对方什么呢？

我的答案源于《德云社》，郭德纲常说，相声演员讲究怪、坏、丑、帅，深入人心的相声演员都得占一项。所以我们能看到郭德纲的弟子，隐隐也能看出他们的定位。演员是最怕被人遗忘的职业，他们的商业价值往往也是体现在流量大小上。打造独特的人设，加强受众的记忆点，是不得不选择的方法。

打造独特的人设，能让复杂世界变简单，简单的东西才容易被记住，记住了才有营造好感的可能，才有长期影响力的基础。

那么如何打造独特的人设呢？

第一，是要去主动打造人设，读者读到这儿，心想这不废话嘛。好多人没有意识到，这里的关键在"主动"二字。主动意味着自发地、有意识地、持续地向世界呈现自己。主动的人设，要求你从现在开始，学会总结自己的特点，尝试给自己的特点贴上标签。然后有计划、有意识地在特定的场合传播自己的人设，固定自己的人设。主动打造人设的过程，其实也是在主动地筛选顾客。你所设置的人设，最终会让特定的人群产生好感。

第二，人设要简单。人不喜欢复杂的事物，接收到的信息最好是至简的。简单的东西容易让人记忆，简单的东西带给人们更多的往往是享受。老子说过"大道至简"。现代营销中，不管是金字塔原理还是思维导图，都力求将信息归纳整合，化繁为简。

第三，人设需要独特。这点在《定位》中有过阐述，人们的心智阶梯有限，没有独特的卖点很难占据。一个品牌通常也只能主打一个卖点。王老吉在某个时间段就主打"怕上火喝王老吉"，后来的加多宝卖点变成了"正宗凉茶加多宝"。三九主打"暖暖的很贴心"，30年的营销都是围绕这六个字。这些案例都说明，传播的信息最好是独特的，能满足某个独特需求的。

　　现在的个人营销、抖音营销都过分强调人设的千人千面，忽略了最终的目标。我们打造人设的目的是让人记住，但是被人记住的终极目的是产生持续的好感。只有这样，好感的影响力才能持续发挥作用。

3. 好感收割机：穿正装的魔力

我发现社会上一个好玩的现象，就是程序员与格子衬衫的故事。走在大街上，一看到穿格子衬衫的，大家会不约而同地认为，他们就是码农。所以不知道从何时起，不管是程序员，还是网络编辑，格子衬衫已经成为他们统一的标识了。好像每一个合格的程序员衣柜里都要有一件格子衬衫才合理；走在大街上看到穿格子衬衫的可以上去搭讪：兄弟，你是搞哪个系统的？程序员大学毕业时是不是应该一人发一件印有校徽的格子衬衫？总之，格子衬衫变成了这个群体的标记。

很多特殊行业都有制服，警察、军人、医护人员、外卖人员等。职场上，职业人士也有自己的制服，就是正装。正装在现代社会的意义是什么呢？我们来分析一下。

首先，正装有天然的辨识度，能让别人马上认出你。如果你和别人约在一个热闹的咖啡厅，你穿正装出现，就能很快让别人在人群中找到你；如果你正在准备一场演讲，穿正装候场时，别人也会知道即将登场的是你，而不是刚刚走过去那个穿高领衫的（乔布斯除外）；正装能让别人在你还没有开口之前，就对你有先入为主的预判。在对外接触的时候，你的形象代表着你的公司、团队和个人的修养，所以穿正装是很多职场人的共同选择。

其次，正装能让人产生亲近的感觉。我本来可以穿着宽松的棉衣棉裤来见你，但是为了对你表示的尊重，我牺牲了自己的一点舒适，戴上一条毫无意义的领带，穿着束手束脚的笔挺外套，出现在你面前。因此，正装仿佛自带一种高雅、尊贵的气息。我的一个银行的朋友告诉我，其实小马甲一点也不保暖，但是为了让银行客户感觉舒适，他们自己就得每天挤在小马甲里面。

最后，正装是一种专业、权威的象征。大多数人平常不会穿正装，既不舒服又不保暖，可是专业人士需要穿正装，因为一丝不苟、整整齐齐的装束给人以信任感；约定俗成的正装习惯给人以专业感。正装通过在电视上、书本里、言传身教中不断被强化，变成了华尔街、北上广每一个职场人必备的装束。你可以看到，职场人士、斯诺克选手大多也穿着小马甲，医生白大褂里面有时也会打上领带，律师更是以穿一身干练、整齐的西装为傲。

初次见面，一套西装比其他服装更具有冲击力，你的眼睛已经告诉你，对面这个人与其他人不一样，他更加受人喜欢，也更加专业。

西装自身有这样的效应，但你也要学会分辨，有的人会利用着装和外表，营造一种他更加专业、更加高人一等的错觉，好让你要么喜欢上他的品位，要么被他的气场震住。你想真正分辨出哪些人是有真正水平的，就要多接触一下他，听他说话，深思他话里话外的逻辑，了解这个人受过什么样的教育、经历过什么样的事情。只有全面了解，才能分辨出他的水平与素养。

4. 微商：如何做一个不被屏蔽的微商

第一次接触微商，是在 2014 年的夏天，我去色达旅行，同行的团友里面有一对靓丽的情侣，打扮前卫，出手阔绰。但每到一个景点，就神神秘秘地要脱离团友一阵。我很是好奇，于是在二郎山口假装抽烟看看他们到底在干什么。只见女生从包里拉出一条至少一米长的横幅，上面赫然写着"××商贸神奇面膜"，随后她对着四川的二郎山大喊"××国我来啦！××面膜走向世界！"我大吃一惊，以为报错了团。还没完，该女生又从包里拿出另外一个小一点的写着"××减肥茶"条幅，再次喊道"××好美啊，××减肥茶在××等你！"后来我加了这对"神奇侠侣"的微信，神奇的是同一天他们朋友圈显示的是在地球的两个半球，更神奇的是，全团人员的合照也被 PS 上了"××商贸顶级商务瑞士行"。这就是我第一次接触活体微商的真实见闻。朋友圈刷多了，逐渐见识了各种类型的微商，开阔了眼界，增长了见识。

我要声明的是，我完全没有取笑、揶揄微商的意思。这些微商之所以出现在我的朋友圈，是因为他们是我的好朋友。而我是完全信任、认可我的好朋友们的，包括那对神奇侠侣。所以我写本书的原因是想他们微商做得更好。其次，说不定未来我也会做一个知识渊博型微商（多独特的定位），所以我要好好研究一下，哪些微商不容易被屏蔽、怎么做微商比较有前途。

微商，顾名思义，就是微小的商人，有人说不对，是指微信上的商人。大错特错，我将那些在知乎、头条号、淘宝、人人网、微信上销售产品的个人商人都称为微商。微商不像公司一样，有强大品牌、产品保障、售后服务、渠道网络，靠的是积累下的亲情网、友情网。亲情和友情起的最本质的作用是：爱。你妈如果爱你，你卖什么她都会帮你转发。如果她不爱你，你第一次在家族群发消息就会被踢出去。所以，要做一个不被屏蔽的微商，最关键的点是要像神爱众人一样，真心地爱你的身边人。

现在江湖上的微商主要分为以下几个派别：

个人亲民派，时不时发一些自己的无修美图，转发一些中国人都要转发的文章，时不时拍一下自己在瑞士旅游的照片。这一类微商重点在塑造一个特点鲜明、受人喜欢的人物形象，过的是你平常生活中缺少的那点浪漫，卖的是让你通向美好向往所需要的东西，如韩式半永久眉毛、真空蒸脸器、滋润水面膜。还有一些专门针对肥宅、萝莉控的个人微商，基本上也是这一派。

老乡派，只要有一个相同点，就可以让他们对你产生无限的链接，常用的有相同的星座、血型、出生地、所读大学等，当你从对方口中听到你们来自同一个地方，多半你心中会想这个人的经历与我类似，尽管这个人可能只是祖籍在那里，从来没有在那里成长过。但是这小小的相同点，就足以把你们的关系拉得更近，也更紧密。大部分的人都有一定的自恋倾向，谁不会喜欢自己呢？所以这一派讲究个"缘"字："哇好巧，你也在上网，我们真有缘。"

葬爱家族派，微信群每天打卡、争发每天朋友圈第一条消息、包里装着微商家族大合照的微商，就是这一派啦。葬爱家族不死，他们只是慢慢转移到了微信。葬爱家族微商有一套完全自洽的社会关系网络，有一个精神领袖，有管理班子，谁负责研发新产品、谁负责对外联络宣传、谁负责培养新人，群里面都有明确的分工，这就是葬爱微商。凝聚力强，执行力高是这一派的特点。他们主要卖一些没什么科技含量的高科技产品，如量子蒸脚桶、微波辐射除毛器什么的。

始于朋友终于微商。要做一个不被屏蔽的微商，选择自己适合的门派很重要。要做一个被人喜欢的微商，你更是要学会爱每一个人。

第七章　展现实力法则

要得到你想要的某件东西，最好的办法是让自己配得上它。真正促成成交的是双方的匹配度。

1. 实力：实力是成交的基石

这么多年来，我判断一个人靠不靠谱的方法，就是看他在言谈中，尊不尊重实力。在这个时代，成功看似很容易，仿佛只要方法对路，很快就能成功。所以很多人，开口闭口就是奇门遁甲、以少胜多、反败为胜，不知道过去偶然的一次成功其实要归功于运气、机遇，或者他根本无从驾驭的力量。更愚蠢的是，不敬畏实力的人，总想在接下来的岁月中复制这个奇迹。

不尊重实力的人往往有一种错觉，以为通过某些技巧，就能扭转局面。他们不知道的是，反败为胜、以少胜多的例

子之所以令人印象深刻，通常是因为不常发生，大家津津乐
道的，正是在实力悬殊的时候，戏剧性的反转。

或许我们应该早些看懂这个道理：社会并不这样运作。
想要"反败为胜"，提升实力才是不二法门。不管你是要做
个斜杠青年，还是小公司 CEO，想要逆袭，放弃幻想，打提
升实力的持久战才能助你成功。

关于实力，采铜在《精进2》一书中谈到一个著名的圈
理论，从里到外，我们有控制圈、影响圈、关注圈。顾名
思义，我们在每个圈层的影响力都是不一样的。那些匹配
我们能力的事情往往落在控制圈，例如你可能会使用 PPT、
Word、Excel 这样常规的办公软件，但假如要你进行设计，
PS、AI 等软件知识有可能就在你的关注圈之外。提升实力的
过程，就是锁定自己的控制圈，扩大影响圈和关注圈的过程。

如果自己的控制圈过小，在竞争中我们就失去了优势，
主动权也不在自己手中。企业之间的竞争中更是如此，这方
面的例子数不胜数，例如数码相机可能就是传统胶卷的关注
圈之外的竞争。更何况，实力不足的时候，我们输不起，很
多公司在实力雄厚以后，"对付"小公司轻而易举，不是因
为大公司能力有多强，而是它有足够的资源。就像罗永浩所
说，"小公司的悲哀就是我只能上一次台面，然后梭哈，赢

了就赢了，输了我就回家了"。

还会有人说，机会遍地都是，人生重在选择。这些都是没有前后语境的成功学理论。我想说的是，想要赢，营销和影响力是过程，实力是基础。号称"行走的书架"的巴菲特合伙人如是说："要拥有一件东西最好的方式是配得上它。"配得上，就是实力要足够。

我们一直在强调的是，实力的增强并不是一蹴而就的，而是漫长持久的过程。一开始我们可能是从 0 开始，这里要树立的概念是，从一开始我们就应该关注自己实力的提升。

2. 人力：人力是实力的硬件

实力是什么？

我参考了《综合国力》的概念，很多人知道波特的五力模型，米歇尔·波特也曾总结了综合国力的五大要素资源：物质资源、人力资源、基础资源、知识资源和资本资源。简而言之，各类潜在或现实的资源总合，以及范围内能利用的资源的总和，就是综合实力。

对照着看，我们也可以分析得出一个人或一个组织在实力方面应该如何要求。

第一是物质资源，在国家层面常指自然资源如矿产、淡水、土地等。对于个人来说则是脑力、身体、时间。应该将身体各个器官是否健康，大脑运作是否灵活，上升到"这是我们实力中物质基础的组成"这个高度。如果你想在企业中得到晋升，精力的充沛与否十分关键。冯唐在《成事》一书中写道：真实企业中会结会、飞机连飞机的工作方式，比拼的并非聪明才智，就是熬身体罢了。30岁以后，不必要的酒局、熬夜等挥霍身体的行为都应该逐渐减少，聚精会神地完成肉身的使命更加重要，"健康是革命的本钱"并不是说说而已。在企业层面，可以用排除法，去掉人力资源和资金资源以外的公司资源，都可以归属于物质资源，例如硬件设备厂房办公室等，软件管理方案如营销流程、财务流程，这些物质资源质和量的提升，也是企业实力提升的表现。一个公司逐渐扩大自己的生产基地，丰富不同的生产线，梳理各个部门的管理方法，都需要时间沉淀和优化。

第二是人力资源，在国家层面主要通过人口数、劳动年龄人口数以及受教育程度的人口数等指标衡量。我们可以同样借鉴，于我们个人而言，选择对的行业代表人力资源能发挥的价值最大，不同行业人效比的天花板是不一样的，《钱从哪里来》中有数据，知识水平相对低的情况下，健身教练和化妆师的人效比也比工厂流水线工人的高；知识水平高的层面上，教师、医生等职业的生命周期又比银行、程序员的相对长；于企业而言，不管是小微企业、现代化企业还是家族企业，实力的提升就是数量和质量的增加，人的逐渐增多代表企业职能的不断细化；质量的增加则是每个职能创造的价值在提升。这些指标都意味着企业实力的增强。人力资源还包括我们身边的朋友、企业能控制的上下游，等等。

第三个是资本资源，国家的资本指标比较复杂，如

GDP、GNP、PPP 等。这里为了方便理解，我将之简化为
"钱"，一切我们能支配的"钱"的资源，体现了我们的实
力。现在有很多书都在讲个人投资、资产配置，本质上要看
到是不是"钱"的增加，因为只有"钱"的增加，才代表实
力的增强。功利地说，资本资源是上述两种资源的根本，有
"钱"可以交换健康（不要说钱买不来健康，你所想的情况
是因为钱不够所以没法延续健康）、可以配备人力（如选择
将低人效比的工作承包给别人）。因此资本资源也是实力中
最重要的一部分。

我的观察是，实力的提升是竞争中取胜的基础和关键，
也是营销中唯一值得持续思考、打造的部分。实力不足会带
来诸多问题，对比起来，其他策略显得需要依靠运气、时机，
威力也不是那么足。

3. 展现实力：人生精进的重要性

我第一次看邹市明的介绍时，看到他被称为"蝇量级拳王"，我很奇怪这个定语是什么意思。研究了一下，哦，原来拳击比赛按照人的体重划分了不同的等级，邹市明是60KG级的拳王，所以叫作蝇量级。竞技场上我们可以根据体重区分不同重量的选手，但是真实世界中，我们可能是以60KG级的实力和100KG级的选手在竞争，更可怕的是，没有人告诉你对手的实力！

前文我介绍了一些如何影响别人的方法，例如恩惠、好感、焦点等，这些方法都是在对方和自己是同一个数量级时才能起效的。想要改变别人，最重要也是最本质的一个方法，就是打造更强大的实力。

在实力的提升上，我想首先需要破除的思想，是有捷径可以快速提高实力。心理学有个概念叫作：幸存者偏差。我们看到的成功者，往往是大浪淘沙后的幸运儿，并不存在一条捷径直通终点。退一步说，就算真的有那条捷径，我们怎么确保自己是第一个找到的人呢？

破除了"寻找捷径"这个幻想后，我们可以来想想正确的提升实力的路径了。

首先，是要树立一个信念。实力的提升虽然没有捷径，但不妨碍我们在路上想象终点！这种想象如果没有行动就只是梦想，梦是假的，最终也无法实现。而信念就像明灯一样给我们照明前路，引导我们的方向。

我们用不同的角度了解信念的重要性：佛教中有"思念造业"的说法，心不唤物物不至，心不召唤的事物不会出现，所以说信念很重要！中国古话"念念不忘必有回响"，非常浅显易懂，说明信念很重要！美国畅销书《秘密》揭开的宇宙法则是：心想事成。你要向宇宙发出强烈的渴望，然后渴望的事情就会出现，同样说明信念很重要！松下幸之助的人生哲学是：你必须这么想。人生要有意在意。信念很重要！

树立这样的信念是实力提升的第一点，我们要讲的第二点是：精进。

大家比较熟悉曾国藩。中国有两个半的圣人，孔夫子、孟子，曾国藩算半个。这是对曾国藩很高的评价。他一生立德、立功、立言，是大写的牛人。有人问他，如何精进。他答：用功譬若掘井，老守一泉为上。又言骄惰未有不败者，勤字医惰，慎字医骄，诚字立体。可见，这样一个战功赫赫、德高望重的大儒，也是在诚诚恳恳地探索精进之道。

日本"经营之圣"稻盛和夫有相似的见解，他经营的3家日本企业都跻身世界500强，是实实在在的实战派。在《活法》一书中，稻盛和夫并没有着重描写企业管理经验，而用了很大篇幅描述他的人生观、价值观。关于人生精进，他写下了六项心得：第一是付出不亚于任何人的努力，第二是谦虚戒骄，第三是日日反省，第四是感恩世界，第五是积善行，思利他，第六是去除感性烦恼。每一条都值得认真推敲。

在实力提升的方法上，前人的经验惊人的统一：不断试错，挑选出唯一正确的道路，坚持走下去，相信时间沉淀的力量。

小时候读过一篇文章，叫小马过河，核心思想是人与人之间不尽相同，要辩证地看待事情。但其实是只有小马过河要想策略，大象过河不用想策略，迈过去而已。当你的实力可以碾压对手的时候，最优的策略就是：不需要策略。

4. 获得实力：从量变到质变的崛起

想要通过提升影响力引爆营销，实力是基础中的基础。如果展开讲，我们需要将某个人、某个企业的所有指标进行对比，最后才能得出实力高下的判断。但在真实世界中，我们并没有这样的人力物力做全方位对比。但是往往又需要评估这样的差异，我的想法是，抓住实力中质和量的区别。

我们先讲讲实力中质的差异。

现存最早的人类工具可以追溯到 176 万年前的阿舍利手斧，其实就是一块磨锋利了某面的小石头，但是可以想象，这样一个小工具比纯手工狩猎、撕裂猎物表皮、砍伐树枝提高了多少效率！阿舍利手斧的诞生意味着人类开始使用工具，减少能量的损耗，提升工作的效率，逐渐拉开了与动物的差异，简而言之，实力增强了！本质的改变意味着实力的竞争进入另外一个层次。

那如何在质的层面追求实力的提升呢？从通信行业我们可以得到启发：最早人们用信传递信息，只能传播有限的信息，见字如面。后来贝尔发明了电话，可以直接通过语音传递信息，我们可以听到对方的声音，更生动。现代通信，我们可能都离不开微信、抖音这样的传播工具，不仅能看能听，还能产生互动，满足了人们更多的需求！马斯洛需求理论同样可以借鉴，1943 年，他在《人类动机理论》文章中写道：

"一旦人们获得了空气、食物、水和性，就会寻求安全。得到安全后，他们会寻找友情、亲情和爱情。等这些基本需求得到满足后，人们会将注意力转向获取尊重，并最终去追寻终极的目标：自我实现。"

在实力质的提升上，满足不同层级的需求，代表不同的实力等级。人们会追逐那些实力等级高的产品，就像原始人不断追寻水土肥沃的新大陆一样。质的提升需要洞察，我们需要时机、灵感，甚至运气才能提升实力。

接下来我们从量的角度，分析应该如何提升实力。

截至 2020 年，微信注册用户达 9 亿人，从一线到四线城市的现代人基本都在使用这个软件。其他社交软件的注册用户数量仍艰难地在一亿人这个级别徘徊。市场有估算企业实力的各种指标，但是我们也可以简单地从"注册人数"数据得出结论。实力在数量上的体现非常直观，《孙子兵法》里就有记载：十则围之。当对方和我们在数量上有明显差距的时候，影响力就能直接发挥作用。

不仅是企业间量的差异，稍加思索我们就能发现，人与人对比，也有年龄上、体重上的差距，还有所经历的事情（通常称为阅历）上的对比。这些差异也是实力的差异。

竞争中想要取得胜利的影响因素有很多，实力是重中之重。即使我们可以通过策略暂时取得优势，长远来看，实力才是最终取胜的不二法门。不管是企业还是个人，实力的提升是一直需要的精进。

第八章　达成共识法则

人们会以他人的行为作为判断标准，指出一个大家都在做的有效且可行的选择。

1. 共识：虚假的人造评价

这章我们将谈到有关共识的话题，所谓共识，可以理解成社会主流对某件事情的共同态度，会影响我们对事情的判断。

有时候我们大脑中似乎存在这样的假设，要是很多人都认同某件事情，那么他们一定知道一些我们不知道的事情。最优的策略最好是尊重"集体智慧"。根据大家的共识做事，大多数情况下是正确的。以符合社会规范的方式来做事，也总比跟它对着干犯的错误少。原始人有一种群居的本能，提醒某些个人最好不要特立独行，这样不仅能避免在下雨天被雷劈中，还能让大家都处于一种你好我好大家好的平等状态。

专门研究群体心理学的古斯塔夫·勒庞提出了不同的看法，他认为：

"群体的情感特征如冲动、易怒、不理智、缺乏判断力与批判精神、情感的夸大和其他特征，存在于较低等级的进化形式——比如野蛮人和儿童。"

《乌合之众》客观地阐述了大众心理特征。将上面提到的"集体智慧"拉下神坛，至少我们知道，共识也有可能出现错误。而我们以此来评判事物的正确性甚至因此影响行动，实在过于武断了。

商业界发现了"共识"的秘诀。最常见的，就是在醒目的地方设置"销售排行榜"，这样一来，就能省去打广告说明产品有多好的宣传了。只需要暗示消费者主流的用户选择的是什么就够了。当你看到某些产品"销量最大"或"增长最快"时，更应该留意评论区，看看用户的真实体验。

坏消息是，用户的真实体验也可能被操控！我曾经从事过跨境电商工作，无意间了解到这行的一些秘密：有些网站的产品评价，可以通过购买得到！无论你想定制什么样的内容，多少的数量，都可以通过专业的代理机构做出来。这些专业机构还提供"编写使用感受""删除差评"的服务。据专家分析，网络上所谓消费者的评价，有 1/4 都是造假的！

商家们很清楚我们有多么频繁地被其他人的意见和行为影响，特别是在网络这样失去了落脚点的地方，伪造"共识"的方法能影响他人的决策！所谓的共识可以被引导，利用造假的社会认同，营造出非常受欢迎的假象。

关于网络的话题我们还可以再深入，为什么在网上我们更容易被他人的意见引导呢？研究表明，人在情况不明了、选项不确定、有可能出现意外的时候，更倾向于认同别人的行为是正确的。数字社会满足所有的条件，消费者脱离了日常的生活场景，对即将面临的选择毫无头绪，更没有历史经验指导，这时候出现一些是是非非的"共识"的声音，就像落水时抓住的绳子一样，解救了他们。

关于共识的其他表现形式，如明星代言等，则更是将"群体意识"挖掘得淋漓尽致。

2. 影响力：明星代言的秘密

2018 年双十一，天猫之夜隆重推出了"首位明星代言人——易烊千玺"，作为一个电梯广告专家，我回想以前看过的电梯天猫广告，确实没有出现过明星，主要是一些产品、优惠的介绍。那天猫为什么开始要找一个代言人呢？而为什么要找易烊千玺呢？明星广告现在是那么普遍，任何一家公司想要打出品牌知名度，都会邀请名人做广告，从吴亦凡到王石、从郎咸平到 papi 酱，一个名人只要有一定的关注度，或者说有一定数量的微博粉丝，就有商业价值。

有时候看着电梯里的名人广告我也在发愣，如果这个没效果，那就不会有人花大把的钱请人代言、买广告版面、做设计拍摄。但是你要说它有效果，我想想，我们都是经过九年义务教育的理性人，这个明显跟我不一样的名人，怎么会影响我呢？吴亦凡用的小米手机为什么我也要用呢？鹿晗吃 KFC 我就一定要吃 KFC 吗？易烊千玺名字那么拗口为什么能代言天猫呢？作为一个营销人员，我需要给自己一个满意的答案。在网上找到的原因不外乎是说，名人自带关注度、名人有固定的粉丝群、名人有社会效应。可是这也不能解释最本质的问题，为什么名人广告能影响人们做出决策呢？

我试着从古至今分析一下：

首先，原始人的最优策略当然是跟着大部队走，前段时间一部叫作《第一条狗的诞生》的电影讲的就是这个事情，即使是部落首领，在得知自己的孩子坠入山谷又无法挽救的情况下，他也是跟着大部队返回营地，不然很明显就是死路一条。

随着社会的发展，人类的进化，我们慢慢有了更多的机会。随着农耕时代生产力提高，人类有了选择的机会。买骡子就没钱买马，买了猪就没钱再买牛，怎么选呢？古人肯定也思考过这样的问题，并且还做了很多类似河图洛书、易经之类的总结，就是想知道事情发生之后会怎么发展，做什么样的选择才叫"顺应天道"。生活中常见的问题，继续使用"跟着大家走"的策略，一般也不会有什么问题，大家都认为好的东西，差也差不到哪儿去。

这时候，假如有一个人反问自己，为什么我要跟大家一样呢？我家没有猪圈啊，我要养仓鼠，就喜欢可爱的仓鼠。这个跟大家不一样的选择，第一时间将自己放在了跟群众的对立面上，将面临很大的心理挑战。除非自己十分有把握，有十足的自信自己获得的信息是最全面的。不然也会怀疑，自己是不是做了最佳决策。而选择跟大家一样的行为，就没有这样的心理负担。

在做出了同样选择的人中，会有一个特别的榜样浮出来。例如一个村里最富有的那户人家，他家就是靠养猪发家致富的，那么这个家就是村里的榜样。这个榜样会激励后来的人，影响他们做出一样的选择，甚至大家也不再深思这个榜样是怎么来的，就五体投地地相信自己也应该做出这样的选择。我的家乡在四川大凉山深处，年轻人就觉得到大城市赚大钱就是有出息，要做包工头、搞工程，可能就是最早有一个搞建筑的赚大钱了，回来影响了后面的人的选择。

这就慢慢形成了一股名人的浪潮，跟着名人走是原始人留给我们的生存秘籍，又是避免背负心理负担的捷径，但更是停止思考的前兆。

让我们再回到开始说的天猫代言人的话题，天猫和易烊千玺的联手，将直接赢得90后乃至00后消费群体的喜好，是一个双赢的合作。但作为消费者，我不想停止向自己发问，我真正要的是什么呢？有一句话说得好，大家都用同样的方式思考问题，就没有人思考得更深刻。

3. 共识变化：比特币大跌的真正原因

2018 年初，我跟我爸一起吃火锅，第一次聊到了比特币，那时比特币很火，差不多 2 万多美元一个，粗略一算，10 个比特币就够在深圳买一套房。我爸把他从麻将桌、茶馆、捏脚师傅那儿收集到的信息整理了一下，得出的结论是不能碰。而我这方面的知识积累很薄弱，数学不好的我，经济和 IT 也是一头雾水。虽然大概听说过一些关于郁金香、庞氏骗局的知识，但根本没有办法支撑我做出判断。后来出于学习、进步和怕被时代抛弃的考虑，我还是在比特币回落到 1 万美元左边时买了一些。

而当我写下这篇文章的时候，比特币已经从 2 万美元跌到 3000 美元左右，年初能在深圳买一套房的比特币，现在只能买一个厕所。对于我，这个故事还不算太悲伤，因为我在 1 万美元右边时又全卖掉了，所以基本没有损失。作为一个不懂经济、不会 IT、没有钱的经济小白，我当时是怎么想的呢？

刚接触比特币的时候，我看到一篇李笑来的报道，大意是说货币只是人们的一个共同幻想物，举的例子是太平洋的岛上有人拿大石头也可以做货币。因此，比特币这种去中心化、透明公正的货币完全有潜力取代现有货币，成为一种新的幻想物。我是完全认同这种说法的。有一本研究大众心理的书籍《乌合之众》就提到，当个体处于群体之中时，极容易失去个人意识和判断，而变成群体中的一分子。我想当时的比特世界就是这样，一个新兴的技术，人们抱着它可以颠覆传统经济、组织的期望，共同认可它，于是价值高涨。

因此，重点来了，当一个人不知道如何做决策时，社会认同的力量就会起效。社会认同是基于一个庞大的认知共同体，大部分时候，这个认知共同体所共享的知识确实是比我们个人要丰富得多、充实得多、正确得多。从 20 世纪 80 年代炒股票到后来炒房，到现在的炒作比特币，都有社会认同的力量在其中推动。社会认同就像一个无形的海浪，缓慢而有力地推动世界前行。

社会认同在以下三种情况最容易见效：

第一，即将做的选择是自己不确定时，我们会向与自己相似的人寻求帮助。我妈买股票就是用这一招，她一般不会自己去看公司的简介、市盈率等，而是问我舅舅，最近有哪些股票比较火，俗称盲目的散户。其实她一点都不盲目，她是跟着大部分盲目的人走，因为投资股票这个事情本身就有很大不确定性。贾跃亭可能回国的谬传都会激发早已不属于他的乐视网涨几个点，社会认同就是这样，它不一定正确，但代表着大多数人的看法。有的时候，即使我们很认真地思考，也未必能得出确定的答案。之前我想买一把吉他，自己反复对比了大红棉和 casio 的区别，最后还是在店员推荐下买了马丁，他只是说"大部分玩吉他的人都会买马丁"，我就投降了。

第二，当自己没有参照物，形成孤岛的时候，我们也会更容易做出跟大众一致的决定。这个可能是因为我们已经远离人群，大脑向你发出了危险的信号，这时候什么是正确的选择反而没那么重要了，重要的是你要尽快回到人群中，做出与大众一致的选择就是一个很好的突破口。很多年前我到过四川色达五明佛学院，那里以漫山遍野的小红房（僧人自建的房子）出名。虽然房子挨着房子，毫无隐私、风景可言，但是没有人会远离人群选择一个空旷的山头来住，孤岛效应让人们更渴望回归人群，因为那样意味着更加安全。

第三，如果出现了极端的最好和最坏的选择，大部分人都会选择中间的那个选项。从股市来看，那些价格在几十元的股票比几百块一股或者几块钱一股的股票受众更多一些。各个商家也会推出不同档次的商品，吸引人们选择中间的那款。

比特币在诞生之初，也是受到以上三种因素影响而价格飞涨，互联网＋经济是一个全新的领域，人们不像传统市场一样有经验，因此不确定它的投资价值，这时稍加引导就能制造大众对它上升的期望，但这个期望会随着比特币的应用价值逐渐下降而下降。

其实，每一个人都是一个孤岛，有的人担心自己赶不上时代红利、有的人担心自己资产缩水，或多或少配置一些，像大多数人一样，是大家共同的想法，但这样的孤岛随着交流、沟通的逐渐减少，当大家都涌入区块链这个小岛的时候，岛上的资源不一定够大家分配，就会有人离开。

由于比特币没有政府背书、没有很高的技术壁垒，各种山寨币层出不穷，大部分价格又比比特币低很多，人们一进入这个市场就会眼花缭乱，最高的比特币和那些几毛钱的山寨币都不是最好的选择，久而久之，连选择本身也变成了一种累赘，这就是比特币跌落神坛的第三个原因。

我并不是因为比特币价格跌了才写这篇文章，我也没有足够的知识去讨论区块链的价值，我只是想了解大众对于一个共同幻想物的态度变化，这个变化的规律才能成为我们在做下一个决策时的参考物。而通过这次比特币的变化，至少我们知道，数据就是一个很好的验证社会认同的指标，有一句话说"数学是上帝书写宇宙的文字"，真实的数据不会骗人，真实的数据能客观地展现你需要的内容。

4. 达成共识：如何开一家小而美的店

春节将至，我家附近的餐厅陆续贴出了放假通知，忙了一年的人们也大多踏上了返程之旅，人流量明显减少。这让我得以造访几家平常总是要排队的餐厅。

第一家是火锅店，店员们很高兴地说"我们过年不放假哦，欢迎常来"。我是想常来，但是我肠胃有意见，来一次得休息一段时间。鉴于店员过年不回家还那么开心，我想多半是老板走之前说过年期间的营业额他们可以自己分，这样既省了人工，又能安慰那些过年不回家的员工的心，还能吸引一些新的顾客，可谓一举三得。需要考虑的一是关于成本、品控等方面问题，我想监控技术应该能满足老板的需求；二是成熟员工的自我管理能力，这个则需要长期培养。火锅味道一如既往的辣，辣得嚣张、辣得跋扈。但是我乐在跟这些可爱的员工交流，也暗自佩服那位聪明的老板。其他老板大都在想：过年反正没生意，养着人还亏本，早点关门算了。殊不知服务行业哪有假期呢？

第二家是烤肉店，在大众点评上这家店是 5 星店，而且是烤肉这个独特的品类，人均单价是 150 元，稍微有些高。平常我是不太愿意花那么多钱去一个没有什么技术含量的店的（烤肉嘛，不就是烧烤不加孜然嘛）。但还是怀着不能再吃火锅的心态进了这家店。到得比较早，还不是饭点，店内没什么人。进去后，店员先是问我有没有预约？没有预约只能坐在一般的桌凳区域。我环视了一下，这家店不大，分成了 4 个区域，进门右手边一排是吧台区域，吧台后面一整面墙都是清酒威士忌，不乏限量"响""山崎"等贵酒。吧台附近是七八张卡座，服务员就引导我们到这边坐，卡座中间稍微隔了一下，隐约有四张榻榻米式座位，还有一个看起来通透又隐秘的包间（通透是因为用玻璃隔起来，隐秘是里面用日式帘围了一圈，整体是里面可以居高临下看整个餐厅，但是外面只知道那里有一个包间）。坐下后，我看了一下比较简洁的菜单，虽然只是一面，但是手写的，很有质感。另外价格也很明显有三个档次，最便宜的鸡胸肉、蔬菜类大约是 30 元左右一份，稍贵一些的牛小粒、牛舌等大约 80 元，还有名字很浮夸的"美式极品霜降牛肉"则是 300 元起步。我们两个人，就简单点了一些，此时店内已经陆续来客人了。我们吃了一会儿，店里来了一个看起来上了年龄的大伯，戴着棒球帽，穿着 POLO 衫，虽然上了年龄，但声音很有磁性，挨个跟店里的熟客打招呼，安排店员帮客人烤肉。他也挑选了几个看上去很有钱的生客，主动说道"我来推荐一下吧"，气氛很快就自然了，店主和生客聊着餐饮、天气等闲话题。过了一会儿，烤肉上来了，店主熟练地指挥他照顾的几桌客人"先烤五花肉""牛舌留给我来帮你烤""等血滴像泪花一样就可以翻面了，这样可以锁住水分"。看着顾客吃得很是开心，店主又提议道"下次可以约几个朋友过来喝点，我这儿酒水也很好""开店主要是为了交朋友""我们有个高尔夫球队，下次可以一起约起""观澜湖的 green 是比较好的"，等等。

吃完烤肉后，我买了单，店主还在不断和客人们聊着天，店里已经坐得满满当当，还有人在门外拿号排队。简直不可思议，这个商区的店很少有坐满的。我快速算了一下，按照人均 200 元、一轮 10 张桌子 20 个人计算，一轮就是 4000元，这个样子一天至少 4 轮（中午 1 轮、晚上 3 轮）就是16000 元，满月的话就是 30×1.6 万 =48 万元营业额，如果做得好，一年就是 500 万级的店。当然不可能这么好，按照最差每个月满 8 天计算则是 8×1.6 万 =12.8 万元营业额，一年大约 150 万级。当然也要计算成本、税收、人工等。但我也同样没有计算外卖、酒水等收入。这样粗略一算，月均收入在 10 万元不成问题。店面装修、设计投入大约 50 万元，半年即可回本。

走出来我在想一位客人说的一句话，大意是羡慕店主可以开一家店招待朋友，店长很谦虚地说也就是混口饭吃。月均 10 万元混口饭吃，怪不得不上班了。从几个方面可以看出店主是很有想法的，一是线上推广、点评的用心，他知道线上是现在流量重要的入口；二是预约制的推广结合店面的布置，让预约的人感觉到尊贵待遇，并且有些许的饥饿营销（包间只有一个），最大限度保障上客量；三是不同梯度的菜单设计，普通人可以吃个二三百元，你想吃贵的，全点霜降牛肉也能到 1000 元，再喝点高档酒四五千元也不成问题。

这时我又路过了一些兰州拉面、沙县小吃、瑞幸咖啡等店，虽然这些店要么有成熟的营销体系，要么有"尖端"的市场营销人员，但是跟这个普通的、小而美的烤肉店相比，他们的营销思维根本不在一个层次。继而我又想到，这个独特的品类估计也是这个老板的无奈之选，如果要搞个川菜、粤菜什么的，需要考虑的事情也许更加复杂。

总而言之，如何经营一家小而美的店？我想这个老板做了一个完美的示范。

第九章　权威认知法则

| 人们愿意听从专家的意见，专家更值得信赖。

1. 权威的力量：消除不安心理

在不同行业，我们对那些有地位、有权利、有能量的人的称呼也不一样，在医药界一般会称他们为"专家"，如妇科专家、骨筋膜间室综合征专家、人工牛黄培育专家等。在影艺圈会叫大咖，有德云社一哥、开心麻花扛把子等人民喜闻乐见的艺术家。不管叫他们什么，都指向一个最终的力量，就是权威。

人们对于权威的敬畏心理，是怎么发生的呢？

我们可以从人类成长史中找到答案。幼童没有自给自足的能力，他的所有能量来源都依靠一个外在的存在：父母。他想获得的一切，都需要这个存在的给予，这形成了对权威最早的认知，权威是一股支撑我们生存，但我们又无法控制的力量。家庭中，父亲常常扮演的就是权威的角色，一个大家族，也有一个德高望重的长辈主持大局。在这里，权威的力量源于人们对生存的敬畏。

其次，在某些领域如医学、科学，顶级专家往往也有巨大的权威，他们通过探索未知的世界，不断扩大认知的边疆。攻克一个疾病往往需要数代人不懈的努力，从研究发病机理到找到解决方案有漫长的路。在这里，权威的力量源于人们对未知的敬畏。

生存和未知的压力一直都笼罩在人类头顶，让人们逐渐形成了一种模式反应：每一件事情冥冥中都有一个更加权威的存在，当这个存在出现，我们最好服从。服从权威是一种天性，具有独立思考能力的人，有时也会为了服从权威而失去理智，是因为他知道，自己的能力一定存在缺陷，所以权威的力量往往更容易影响到他们。

敬畏权威在大部分时候是让我们受益的，所谓让专业的人做专业的事，权威可以帮我们解决对未知和生存的恐惧，解决实际中我们不懂的问题，大大节省了时间，整个社会也更加高效。例如生病了，最好寻找治疗这个疾病的专家，自己上山采药很可能卒，更不要寄希望于神神鬼鬼的迷信；又例如装修时，最好的办法是包给施工队，自己抹水泥不仅搞得灰头土脸，可能效果还不好。

但是在某些情况下，专家可能真的是"砖家"。营销很容易利用大家对权威的盲从，引导我们做一些不符合自身利益的事。这些年保健品的名声不好，就是因为太多无良从业者滥用权威的力量，请一位白发苍苍的所谓的专家代言某产品，号称有各种神奇的功效，结果可想而知。

权威的力量也不是屡屡能发挥作用。至少在两种情况下，权威的力量会被削弱。

第一种是信息的完备，既然权威源于对未知的敬畏，那么当消费者掌握足够信息时，就不会盲从权威。完备的信息意味着你对某件事有了自己的判断。随着你对事情的了解逐渐加深，你也成了半个专家。很多人说自己装修一遍后，都成了半个装修专家，就是因为在这个过程中对装修的了解逐渐加深。但是要注意，表面的信息不足以让我们成为专家，你了解再多装修的小技巧也不可能自己装修，因为还有"去哪儿找工人""怎么和材料商达成长期合作"这样的"水面之下"的问题，只有通过实践才可以获得。

第二种是长时间的接触，权威的存在可以是一部法典、一个人、一种制度，等等。当我们长时间与权威相处，逐渐会从心理层面接受它的存在。心理学上有刺激频率加大效果减弱的实验。当权威如同邻家姑娘一样长期相伴时，它对你的影响力也会减少。领导力书籍常常告诫领导要和员工保持一定距离，因为频繁的接触，从感性上会削弱权威的力量。

营销时，巧妙地借助权威的力量，能消除消费者的不安感，进而促成成交。

2. 气场：自带的震慑力

气场究竟存不存在？我爸跟我说过一个他年轻时候的故事。他说他刚到深圳的时候，有一天早上在公园遛弯，看到一群老年人在广场上打太极拳，只见他们气聚丹田，一个推手，隔空就把我爸给震晕了。他信誓旦旦地说他真实感受到气场的存在。

我一直对这个故事将信将疑，其实这个事情很好验证，找一个无聊的早上，我们一家人再去一趟公园，并排站在老年人 10 米开外，详细记录下每 5 分钟的感受，就可以验证至少那个当下，有没有气场的存在。

我想我爸多半是头天晚上喝多了，走到那儿酒劲突然上来了，后来又不好意思提自己酒量差，慢慢就欺骗自己说那是"气场"。

太极拳的气场我是没有真实感受过，但在工作中，我确实感受过来自某个人的气场。有的时候，在跟某些上级、甲方交谈的时候，会明显感觉自己被攥入一个扭曲的空间，精神高度集中，生怕错过对方一言一语。交谈完还会有头疼的感觉，甚至在下次见面之前就开始担忧。

常常会听到说谁谁谁气场很足，就像世外高手一样，有一个大家听不见看不着但是又确实存在的武功。气场很足，往往体现在：走在他身边就会感受到无形的压力；他不说话仿佛很深沉，一张口就是最权威的解释。

但是气场的本质究竟是什么呢？如果对这个词语定义不清，我们就时常会被影响而不自知。我认为所谓的气场，就是权威在发挥作用。

回想一下，什么时候开始我感受到"权威"的气场呢？最早是父母亲，我父亲从事建筑行业，皮肤黝黑不善言谈，给了幼年的我很大的压迫感。之后就是上学时期，我有一个特别严厉的初中班主任就是会给人以气场感。当然随着我年龄的增长，现在我碰到初中班主任或者我爸，只会有亲切的感觉，而不再是以前那种承受低气压的压迫感了。

因此我们可以得出，权威一直存在，不同时期不同的人会带来不同的压力。权威也不是固定的，会随着两个人之间的关系变化而变化。

其次，这些人为什么会让人感到权威呢？或者说为什么他们气场那么足呢？又或者说跟他们在一起为什么会给我们带来压力呢？我们的生意伙伴，说白了赚钱要靠对方，这种情况下，利益是压力的来源；我们的领导，保住手里饭碗、职位升迁都靠对方，出于职场安全感的考虑，会给我们带来压力；还有是某些事情上的专家，例如法律顾问、医生等，这种压力，我想来源可以归结于"个人品牌"。这种气场一部分是实力的差距，另一部分来自不同领域之间的差距。

权威发挥作用，让我们感受到压力，进而感受到对方的气场很足。我想，这样是解释得通的。权威至少是一部分气场的根本原因。

根据研究发现，权威本身甚至不用出现，只要有一定的暗示，人们就会自己脑补接下来的事情。现在大部分的商家，通过选择有"实力的"第三方为自己代言，增加公众对品牌的信任、提升品牌的威信。例如新中国第一个名人广告代言，就是999药厂邀请李默然拍的三九胃泰广告片，很奇怪的是，李先生是一个实力演员，据我了解他并没有制药的经验，但是人们愿意相信他所扮演的邓世昌，那种正气凛然的形象深入人心，并且他所代言的三九胃泰在胃肠药领域屹立不倒。现在大家看的广告，如果不深入思考，很多所谓的权威形象都是一种河流倒灌行为，一个人一个品牌在某些领域成为专家，再反过来涌向其他领域。

行走江湖多年，有一些权威是以前能让我感受到压力，但现在不会的。例如，有一些人名片上动不动就写着亚太区总裁这样的职位，以前碰到这样的人我不禁会肃然起敬，内心会不自觉地想：哇！真厉害，一个总裁来找我一个小小经理聊天。现在除非是正儿八经公司的总裁会让我肃然起敬，大部分时候我一看这种名片就感觉碰到了骗子。有一些人每次见面都无意间炫耀自己的"8848钛合金手机""战国手串"，或者穿着印有大大LOGO的服装，又或者开口闭口老马（马云）大刘（刘强东），这种人大部分时候我都得强忍笑意跟他们聊天。天啊，这人是小孩吗？随着年岁增长，这种权威越来越没有气场了。

还有一种权威比较具有迷惑性，就是展示实物。我想起两个案例，第一个是多年前我们家想要购买某只"原始股"，找到一个人，他约我们在深圳核心CBD办公室见面，一进办公室就见到墙上挂满了对方和历任国家重要行政人员的合影，他一一给我们介绍"这是主管经济的部长""这是刚刚卸任的外交官"。说实话，到现在我也没有能力分辨这类人是不是真的，不过一般来说，只要不让我掏钱、掏时间，我也不想深究。第二个是前些天碰到的一个合作伙伴，他每次约我都开着一辆大奔，我从来没去过他的办公室，每次都是在车上谈生意。鉴于这车价值近100万元，我比较倾向于这人是真有实力的。后来某次寄快递无意间发现，他的办公室居然在一个住宅区里，我不是说住宅区不好啊，只是感觉和车匹配不上，甚至开始怀疑他每次来见我是不是租的车啊。当然这无可厚非，如果我做生意也会这么干。举这个例子只是想说，如果碰到这样的人，权威只是表面的加成，跟实力关系不大。

总之，气场有的时候来自权威，有的时候来自实力的差距。有的气场是真气场，有的气场只是狐假虎威。被气场所影响只是一种假象，真正要做的是尽快提升自己的实力，树立自己在某个领域的权威。

3. 情感共鸣：居高临下的权威力量

好为人师，真是当代城市男人的劣根性。无论自己是不是真懂，抓到机会就要给别人上课。我有一个哥们就是这种人。这些年，我见证了他从一名青年酒场讲师变成成熟酒场导师的全过程。我们就叫他杨君吧。

杨君比我大一岁，毕业于"西北陕西省省会西安往西 80 公里外的某高校"，这是他每次认识新朋友时的自我介绍，深圳的西安人本来就不多，他这样容易给人营造出一种仿佛在中国西部"留过学"的感觉。

杨君比我早半年进入公司，同期只有我们两个毛头小子比较合得来，经常在一起喝酒吹牛。每次喝酒一开始，杨君就会说，他最近琢磨一个事情颇有心得，要不要跟我分享一下。我对他说，"你先把酒钱掏出来分享一下，等会儿喝醉了没人买单"。其实无外乎都是一些张家长李家短、王总为什么能做总管的破事，但是杨君就是能喋喋不休地给我一个人上课，那时候我刚参加工作，还不太懂所谓的职场礼仪，还以为职场喝酒都得这样给人上课才叫"带人"呢。但是又觉得这人怎么这么"聒噪"，对，就是这么聒噪啊。后来公司逐渐壮大，也不断有新人加入，这个酒场讲坛，人就越来越多了，后来每次喝酒都不用我凑份子钱。杨君也练就了一套用嘴工作的本领，而我练就了一套用笔工作的本领。

从听众角度分析，一个人总是愿意听另一个人天马行空说话，为什么呢？不外乎就是想获得一些新知识、寻找情感共鸣。情感共鸣究其根源就是受"权威"的影响。听众有寻找权威的需求，讲者又往往有要做权威专家的欲望，一拍即合！

所以，互联网知识变现，可以分为三类人，一类是权威渴望者，就是那些开各种课程的讲师，巴不得把"如何开啤酒瓶"分十堂课详细介绍一下；一类是权威围观者，主要是付费的听众，对于未知的探索和好奇是他们主要的动力来源；还有一类是未觉察者，就像10年前刚参加工作的我，只是觉得这帮人好聒噪、好无聊啊！

我认为，做一个合格的演讲者，至少要在某一个领域有专业的见解和深入的思考，能给听众启发。就像"如何开啤酒瓶"这个话题，凭借我10年的酒场经验，做一些酒文化知识普及、酒场礼仪、酒场段子的介绍应该还是没有问题的，而且也确实能给那些酒场小透明以一定的指导。但是，如果纯粹就是一些无趣新闻、琐碎事反复嚼舌根，就没有什么意义。要想成为权威，知识的储备和深入的思考必不可少，这是作为讲者的基本能力要求。

但是，有的时候营造一种可信赖感，也能给人以权威的感觉。例如情感方面的贴近、换位思考的能力、共情的能力，即使没有高深的知识，也能给人以权威的感觉。例如我觉得很多中医就是这方面的高手，天人合一阴阳调和，即使只是一种合理的猜测，但也给患者以莫大的鼓励，换来患者对医生的信任。

最后，我想讲讲如何分辨合格的讲者。除了接触观察以外，我们还可以通过思考这个演讲者的立场、经历等判断，他是不是货真价实的行业领袖。那些自封的"专家"即使包装得再好，也有露馅的时候，大多数情况下，我们只是茫然地接受了自己在这个领域不专业的现实，选择相信一个可能更加不专业的表演大师。

4. 认知：权威的力量来源

权威的力量在营销中起到定海神针的作用。恩惠、认同、好感这些技巧可以速成，但是权威和实力一样，需要正确的方向、持续的努力才可获得。在我们出发之前，我想再谈谈权威的力量来源。

2020 年我准备装修新房，在这个领域我是完全的小白。为了家人有一个舒适的家，我和大多数人一样，奔走于装修公司、施工现场、建材市场。一个月后，我彻底放弃了自己装修的打算，转而咨询专业的设计师。我约见了不下十位设计师，其中一位来自某音 App 的设计师给我的印象最深刻。与前几位见面时，我们都是从空间格局、建筑材料聊起，而这位设计师用了大量的时间了解我的家庭组成、生活习惯。并分析了现在主流家装设计的各种优劣势，例如开放式厨房油烟问题、三分离洗手间下水问题等。

随着聊天的深入，权威的感觉油然而生。我已经用了一个月时间恶补大量装修知识，但还是能感受到专业与非专业，有巨大的差别。

权威的力量来源，就是专业以及专业所带来的可信赖感。

什么是专业？《刻意学习》一书中有个模型我十分认同，现代社会所需要的是 T 型人才，T 的一横代表知识面，就是我们所涉猎的领域，有点类似"实力"一章中我们提到的关注圈。但成功更为关键的，是 T 的那一竖，代表我们专精的领域。这一竖决定了我们在职场的不可替代性，在行业的话语权，甚至能影响人生高度。很多人终其一生努力，最终能达到的高度也是可预见的。如果将大量时间耗费在与那一竖无关紧要的事情上，我们很可能一生碌碌无为。

普通人需要提前布局，通过广泛的知识面寻找到值得奋斗的事业，然后集中精力到达一定的高度。日本有一位棒球手，他的击球成绩明显高于其他选手，秘诀在于他只打甜蜜区的球。他将投手投出的球划分成几个区域，其中自己最擅长击打的那几个区域，被他称为甜蜜区，只有当来球属于甜蜜区时他才挥棒。高手，只打高价值的球。

就像那位设计师一样，在专业上精进后，他呈现给我的是可靠的感觉，俗话说就是靠谱。可靠的人给人安全感、信赖感。不要小看这些感觉，这是权威发挥秘诀的秘密，我们称为专业的人，附带的结果就是，我们开始信赖他们，开始认同他们的权威性。

早些明白这个道理，能摒弃一些感性的烦恼。一切和专业不相关的事都不重要，如不必要的酒席、非重要的会议、没关系的人。寻找到能发挥自己才能的领域，刻意练习，成为前 1% 的选手，成为专业的人。只有专业的人，才配得上持久的权威。

第十章　承诺与一致法则

| 人们希望与自己过去的所作所为保持一致，让对方主动做出承诺。

1. 保持一贯性：绑架你的思维

人是很固执的一种生物，特别是越老越固执。

别急着辩驳，这并不是一件坏事。固执其实是人脑节省能量的一种方式。想想，如果你每天都要认真思考诸如衣服穿什么、早餐吃什么、去公司用什么交通工具这样琐碎的问题，大脑不得累死。通常情况下，我们依靠以往的经验对当下的事情做判断，这一点都没错。过往正确的事情，未来大概率依然是正确的。固执，并不是一件坏事。

但过往所谓的"正确"，有可能只是一个虚幻的想象。

正是利用了人们对于固执以及过往自己的错误认知，在

"成交"原则中有被称为"承诺与一致"的法则。当我们做出某项承诺（朝希望的方向已经迈出第一步，以及承诺会符合自己身上的标签）后，会产生要与过去保持一致的希望，这时候，营销人员就能达成成交的目标。

我们先简单看看两种使用"承诺与一致"原则的技巧。

第一种方法是"入门法"，就是一种利用人类固执的本性，步步引导、逐渐影响的一种手段。如果唐突地要求对方帮一个大忙，通常会被拒绝；从小忙、容易被答应的请求开始要求对方，就可以提升成交的概率。当我们想要某人做某件事时，最关键的是，让他朝着那个方向走出第一步。电话销售经常使用"入门法"，营销人员并不会一开始就提出签约的请求，而是从阅读一篇文章、转发一个活动、参加一次讨论等并不会让人特别反感的事情入手，逐渐引导消费者入局。

如果没有步步为营的机遇和时间使用"入门法"，营销人员会使用第二种方法，叫作"标签法"，这种方法将人放进某个角色模型中，然后期盼他表现出该角色的行为。营销人员会貌似客观地给消费者一个定位，但这个定位往往和营销目的相关。

例如，保险销售员会告诉你，您是一个关注健康的人，是一个关心家庭的人，是一个有责任有担当的人。乍一听没有任何问题，都是正面的描述。这样会得出一个显而易见的结果：当一个既能保障家庭健康又能体现你男子汉自认感的保险品种出现时，你会拒绝吗？如果从保险本身出发，你肯定会拒绝，但是基于人固执的本性，再加上已经被双方所认同的你的"优点"：你是真心想要表现出自己是个有责任感的男子汉。被这样的想法绑住，于是你会做出符合销售员期待的行为。

要将某人放进某个塑造的角色模型时，最简单、最有效的方法就是口语暗示，例如"身为这方面的专家你应该……"并且消费者往往没有意识到这是外界强加给他的，他还以为这就是他内心的真实写照！

1964年春，两位心理学家在旧金山的一所学校开展了一场惊人的实验。实验出自罗伯特·罗森塔尔和利诺·雅各布森的设想，他们试图揭示，在学生最初的智力和十几年的学校教育外，学业有成的秘方还包括其他因素。

这个实验学校被化名为"橡树学校"，实验者假称想要调研哪些学生成绩在来年会"突飞猛进"。事实上这所学校的学生们智力相当，表现也大多符合所属的年龄。实验者唯一做的事情，就是随机选择了一些学生，并告诉老师（并没有告诉学生）这些学生的智力在来年会"突飞猛进"。第二年，实验者回到学校进行测试，发现那些被贴上"突飞猛进"标签的学生，智力确实要高于普通水平！

这个实验生动地解释了"标签法"的作用，背后的秘诀是：在那一年中，老师们会无意识地表扬"突飞猛进"的学生，还会投入大量的时间和精力，确保孩子们朝着正确的方向发展，不辜负"突飞猛进"标签所寄予的厚望。

情感中，使用"承诺与一致"的场合更多。现在主流平台上，"情感类"的话题，什么"张大爷情感课堂"之类，往往从受害者的角度出发，开导受害者要善良、要放下、要朝前看。但这无法让受害者成长，顶多是在悲伤中能看到更多同病相怜的人，心里好受一点罢了。

想要真正地解决问题，我们要分析加害者使用的手段。承诺与一致就是他们应用娴熟的工具之一。渣男用这个办法引导受害者，用"入门法"引导受害者做出越来越大的牺牲，用"标签法"强迫受害者做出违背本意的行为。

后文，我们就详细介绍他们是如何使用"承诺"法的，欢迎来到"高大爷情感课堂"。

2. 承诺与一致：做出正确的选择

不知道从什么时候起，"情感博主""情感主播""情感写手"成为互联网的主流。

什么"只要一招就让男人被迷住""那些年我没有告诉男孩的泡妞绝招"，还有各种冠冕堂皇的泡学、PUA 学院，给我一种感觉，如果我要走上邪路，一定会非常顺利。

这个领域不需要你有多高的专业背景，也不需要学校给你颁发"驭男（女）高手"的文凭，有个心理学背景已经让人觉得"哇！这一定是专家"。这个领域也不需要你有多深的研究，不讲究科学实验，不讲究随机双盲，也不讲究准确答案，毕竟"感情的世界没有对错"。

所以，我也做一个尝试，教教那些学校没有人教的情感技巧。我比较好奇的是有一些人明明是渣男、渣女，但是为什么对方依然不舍得分手？还有一些人怎么能做到让对方干什么对方就干什么，俗称调教。这些人到底是怎么做到的呢？请关注"高大爷情感课堂"。开玩笑的，情感问题非常复杂，而且没有最终答案，我只能从我的角度去分析一下，承诺与一致，我想从这个角度能很好解释这个问题。

我们先不说情感的问题，先说一些其他的场景。

你有没有碰到这样的情况：你走进一家装潢不错的餐厅，坐下后发现菜单上的菜贵得离谱，但碍于大脑深处不知道什么机制在起作用，硬着头皮点了个五分熟牛排，吃得一脸懊悔？我发现自己有过一次这样的情况以后，就特别想知道为什么我会这样。我采用的方法比较极端，就是多次强迫自己走进一家餐厅，看完菜单以后说"不好意思我选错了"，然后径直走出去。

在多次尝试以后，我发现了自己心理上一个有趣的变化，就是选择餐厅也好，选择礼物也罢，其实作祟的并不是选择的目标，而是自己内心那种"一开始是你选择后来你又要反悔"的心理阻挡了自己。那首歌怎么唱来着："当初是你要离开，离开就离开，现在又要用真爱，把我哄回来……"这种纠结心理才是我们选择之后反悔，却又无计可施的最大原因。

可以这样描述自己内心的变化，我们先做出了一个这家餐厅感觉还不错的承诺，发现五分熟牛排真的不好吃之后，懊恼不已，但依然希望自己保持一致地吃下去。

这就是承诺与一致的意思，我们经常会碰到或者被设计碰到这样的情况，所以这真的值得我们注意！

首先要说的是，承诺与一致本身是一个很好的品质，有这个机制其实是人类进化的选择。我们之前讨论过"因果理论"，人们都希望做事情是有因有果的，但这个不一定是原始人一开始就能认清的希望。在农耕之前，原始人看着天上打雷地上洪水，可能并不会产生这是因为地球自转加上大气运动导致的。农耕之后，我猜想一代又一代的人类才开始被教育，我们做的事情是延续且有因有果的，春天播种了秋天就会收获，在这样的反复教育过程中，人们逐渐产生了有因就会有果的思想。而这样的思想又会让我们产生一种希望做到现在的行为与过去的行为一致的愿望，这样我们才能对自己的行为因果有解释权，才能确保自己的行为是正确的。

但在很多情况下，由于时间、地点、背景的变化，我们还没有发现变化，依然保持着以前的做法，就非常的危险了。我们再回到前文中提到的情感话题，那些渣男渣女在一开始的时候都表现得特别好，送花、送礼物，天天微信打卡，但是一旦过了甜蜜期，就不再热情。但是另一半已经被之前的行为所迷惑，做了粗浅的判断"这个人应该还不错"，也暗下决心要坠入一场海枯石烂的恋爱，并用行动表达自己保持一致的想法。可是，你也知道，天长地久的只有人民币，哪有什么海枯石烂的爱情，这样的故事结局多半是给世界多造了一个怨人。

所以，当环境变化后，你依然保持着自己之前的判断，做出了一个自己没有深思过的选择，那么这个时候你要警惕了，大脑深层次已经代替了皮层大脑替你做了选择。不想做情感上的怨人，就要正视自己的心理变化，反复从餐厅走出来听起来很滑稽，但是很多人就是反复坐在自己不喜欢的餐厅里，吃着从来没有对过胃口的菜。

3. 承诺：心口一致在作祟

"你的手好冷，我帮你温暖一下吧。"渣男漫不经心地说出在心里酝酿了很久的话，成功牵起女神的手。这已经是第 100 个成功的案例了，渣男心想：我要出一本书，就叫作《你牵不起的手都怪你太笨》。

"你是一个体贴的男人，我不值得你投入那么多！"渣女用眼角偷偷瞄了一眼对方，果然，他关切的眼神已经出卖了他，这个卡地亚的手镯马上就可以戴在手上了。

"我们在一起那么久，你还不知道我是什么样的人吗？我怎么可能做出这样的事？"渣男、渣女异口同声地说出口，这句百试不爽的话总是能让对方不再怀疑。

以上种种，如果你碰到了，不代表你遇到了渣的人，而可能是遇到了一个懂得使用"承诺与一致"的心理学高手。他在你的心里建造了一个合理的坡道，然后只需要顺着这个坡道，就能到达他想要的终点。

每个人都有一种希望做到现在的行为与过去的行为一致的愿望，这是一个良好的品质。这个品质源于我们希望对自己行为因果有解释权，有掌控力度。很多时候你并不知道自己为什么做出了一个没有深思过的选择，通常就是因为，大脑深层次已经按照过去的你，做出了当下的选择。你的大脑是这样想的：过去的我做出了承诺，这个承诺是我深思熟虑过的选择，也有可能只是情感冲动下的决策，在没有其他变化下，我应该保持自我。

当双方感情已经进入一种合理的坡道后，承诺与一致能发挥巨大、持久的效果。如果仅仅是在感情上应用，这个"武器"的威力还不足以完全发挥。但当商业营销者发现了这个秘密，就像打开了一扇任意门，他们应用这个法则进入任何一个他们想要进入的领域。

线下商超是最早应用承诺与一致这个原则的，当你进入超市，看到那些被烤得滋滋作响的牛排，商家已经成功了一半，接下来，销售员只需要引导你，让你感受这块肉在你嘴里，然后进入你的大脑，让你产生一种我既然都尝试了那一定是美味的，就应该买一些回家以避免被人认为是心口不一的人。

虽然我没有了解过商场的试吃员是怎么接受培训的，但除了煎牛排要煎得好吃以外，应该还有话术的引导，例如试一小块刚刚煎好的牛排吧；怎么样，口感是不是刚刚合适；

可以买一些在家里煎也很方便等，还有最关键的一句：你都尝过了，就知道这个牛排一定很好。其实这时候冷静想一下，煎好牛排还要配合厨师的技巧、作料。你吃到的不代表你就能做到。但是既然你已经做出了承诺（试吃了一小块），就不得不坚持自己是正确的。

这里有两个心理特征：一是当你尝试一小块的时候，这是个很小的决策，小到你只需要开开口就好了，这种被称为入门策略的技巧广泛应用于各种销售场合，例如保险、汽车，等等。不要小看商人的入门策略，他盯着的是你鼓鼓的钱包。如果一开口就让你购买来自澳洲的顶级牛排，你是根本不会考虑的。但是让你尝一小块，似乎没有什么太大影响。二是人们总希望自己是正确的，这种正确还包含连贯的正确，就是过去的我和现在的我应该是一样的，我们不能接受过去的我作了某个愚蠢的决定，更不能接受现在的我去改变过去的这个愚蠢的决定，虽然时间一长，你会发现那真的是个愚蠢的决定。

我第一次买车的时候，就被自己的愚蠢害了。买车前我清楚地知道自己需要一辆大空间的 SUV，但是在试驾某汽车之后（每款车都有它的优点，只能说不适合我），成功地被销售人员用承诺＋稀缺的招数降服了，他先是引导我试驾一下紧凑型SUV，之后逐渐引导我承认紧凑型SUV的省油、灵活上等优点，从摸到方向盘的那一刻，我就知道我完了。开了两年以后，我终于承认过去的自己就是个大傻子，我想要的是一个大空间的SUV！

通过引诱消费者做出某种声明，使消费者陷于某个立场，然后采用递进的方式逐步达成目标。这就是承诺武器发生作用的机制。这个工具需要商人有一些策划，设计好坡道，从最小的入门策略开始，让过去的顾客说服现在的自己，可以结合标签法、不变法、沉默成本等承诺策略，最终达成目的。

4.言行不一：有时候也是善意的谎言

我以前有个上司，她是个倔强的、不喜欢变化的职场女人。

她有多倔强呢？比如一个活动策划方案，我们第一次策划是在大年初一，活动时间是当年的 10 月，她一定会坚持大年初一的方案；比如有一个活动是要在四川举办，那就算地震了，我们也要如期开办。她对规划好的事情，不希望做任何调整，哪怕中间发生了变化。

当然，当我听到要如期在国庆节期间在四川举办活动的时候，心里还是有点吃惊的：世间哪有如此始终如一的人？

人是喜欢熟悉的事物的，特别是随着年月的增长，学习新知识要付出的代价越来越大，人们就更倾向于待在原来的环境里。那么如何说服始终如一的人？

琢磨了一段时间后，我决定用以下方法来改变局面。

第一个方法，叫作标签法。既然对方不愿意改变，那我们不妨顺着对方的逻辑，按照他的特点给他贴标签，表明对方的个性、态度、信仰或其他特点，这里要注意，如果想效果最大化，最好公开地贴上标签。例如：王总真是一个豪爽的人，那我们就干脆点，今天把合同签了。前半段贴标签，后半段顺势提出自己的要求，让对方既无法反驳你的判断，又不能拒绝你判断下的合理的要求。这种情况下，王总不会说："我其实不是一个豪爽的人，我特别鸡贼"。

贴标签的方法，简单好用，培训一下基本就能学会。很多职场的老鸟、资深的微商都善于给人贴标签，来达到自己的目的。通常我开会的时候，一听到某人说"高总这样追求卓越的人，一定……"我立马会本能的反应"不要给我戴高帽子，我们就事论事"。

看到了吧，贴标签的方法内含"社会认同"和"承诺一致"两大影响力原理，威力巨大。

第二个方法，叫作入门法，当我们想让对方从 A 点到 B 点时，最难的部分，是让对方往你希望去的方向走出第一步。有了第一步，后面的很多工作是水到渠成。在生活中、恋爱中、职场中、商业中，入门法往往都是引诱人改变的第一件事。

怎么做到的呢？你稍微留意一下日常的对话、行为，就会发现大量的包含入门法的策略，例如一键下载一个 App、花 30 秒看一段小视频、试吃一块香喷喷的牛肉、微信发一个小红包，等等。无论对方试图用情感、利益、简易任务等各种方法希望你做出一个微小回应，你都应该思考一下，这个简单的任务，背后的路有多长，坑有多深?

通过高频率的小交易行为促使最终的大买卖，原理是首先让人通过小小的承诺塑造自身的形象，通过这种形象的确定和公众的关注又会反过来作用于人自身接下来的行为。所以重点不是这个小交易，而是通过这个小交易树立的你的形象，这个形象很可能是对方希望塑造的一个通往大买卖的坡道。

大部分人都是通过行为来判断自己的，当行为出现，不管之前有什么考虑，人们都倾向于保持和当初一致的承诺，来证明自己的行为是正确的，证明自己是理智连贯的。其实你不知道的是，所有的行为，是早已写好的剧本，你不过是无察觉地扮演了其中的角色而已。

第三个方法，叫作代价法，即使通过标签法、入门法成功地让对方做出了承诺，但这种效果往往是短暂的，一旦对方稍加思索，就会明白自己当下的行为其实不是真实的，特别是当已经付出代价的时候，这个代价哪怕是一个积极承诺，或者小小的押金，都很容易让已经迈出的一步又撤回来。

这时候，商家们怎么能忍心到口的鸭子又飞了？多次试验后，他们惊奇地发现，如果在对方做出承诺的时候，适当提高当时的代价，这个承诺的效果会加强。例如，当你决定购买一款车的时候，10000元的定金和100元的定金，哪一个放弃的难度低？如果你变心了，你可能会说100元的定金不要了呗，但是假如你已经刷了10000元的定金，你会不会想另一款车其实也没那么好，你订的这款也有优点……矛盾的心理下，4S店的人只要略施小计，你就乖乖地束手就擒。

这就是代价法的惊人威力，这个办法能绑定人的思维一段时间，让人没有办法做出其他的选择。

日本著名的文学家川端康成有过一段很著名的对白，有人问他，如果鸟不叫怎么办？他回答，那就等它叫。从这个对白能看到我那个曾经的女上司的影子。川端康成取得了很高的成就，我那个上司也凭着坚韧不拔的品质得到了提升。所以，承诺与一致的特性是个优点，是人类进化出来的优势。

你想象一下，一个言行不一致的原始人，怎么可能有后代能延续下来？今天是一个严肃认真地打猎的原始人，明天又变成了一个嘻嘻哈哈游戏人生的原始人，这样的原始人估计很难生存下来。承诺与一致刻在我们的基因里，是老一辈人教育下一代人最重要的品质，是我们日复一日重复塑造的特性。这种特性帮助我们生存，但也容易被人利用。

所以，如何说服始终如一的人？我的态度是，最好还是用硬实力、真感情来改变对方，以川瑞康成为榜样，用坚韧不拔的力量获得持久的改变，才是王道。

第十一章　短缺优势法则

某样东西越稀少，人们就越想要。物以稀为贵，损失是稀缺的终极形式。

1. 短缺：一种立竿见影的影响力

有一句谚语这样说："人生中最昂贵的东西，永远是你缺少的那一件。"这个状况在营销时非常常见，机会越小，对我们的价值似乎越高。限量销售的商品、即将售罄的商品总是能准确击中我们的心，但我们很少思考，是因为价值独特导致我们想要，还是因为短缺导致我们想要？

这一章，我们就来探讨关于短缺的话题。

如果这个世界所有东西都能做到一一对应，你想要什么就有什么，想买什么就买什么，想放松就买机票去布拉格广场喂鸽子，那我们还会被短缺困扰吗？另外，如果我们想要什么，就能找到什么，是不是就能避免出现短缺？如果我们能发明永动机，源源不断产生能量，是不是就能彻底解决能源"短缺"的问题？

不要觉得不可思议，对比起其他人类事业的发展，解决能源问题可以说是全人类的头号梦想，物理学家认真考虑过这个问题。热力学第一定律问世后，人们认识到能量是不能被凭空制造出来的，所以永动机无法实现。物理学家很聪明，很快就假设，能量虽然不能凭空产生，但我们可以从大气中、宇宙中吸取热能，将这些热能作为驱动永动机的动力源头，这不就成了吗？这种永动机被称为第二类永动机。于是物理学家麦克斯韦提出一个模型，假如有一个能区分单个分子速度的妖怪，暂时叫它"麦克斯韦妖"，它就像门卫一样，让跑得快的分子能通过，跑得慢的分子被阻隔。这样，它所看守的门两边就会产生温差（分子运动快即热，分子运动慢则冷），如上文所设想一般，我们就能持续地依靠这个温差对外做功，第二类永动机就能成功被制造了！如果这只小妖真的能被造出来，人类冲出银河系指日可待。

不幸的是，这只小妖夭折了。1929 年匈牙利物理学家利奥·西拉德指出："麦克斯韦妖"在获取信息时，也会消耗能量，因此这类永动机也不可能实现！

能量无法凭空产生，获取信息也会消耗能量，冲出银河系看来要寻找其他办法。但我们至少认清了现实：我们的需求不可能全部被满足，我们也无法获取全部信息。短缺，是真实存在并且大概率发生的，我们会一直处于短缺的状态。

这时候有人会想，那我们是不是降低欲望就可以了？知识有时候是一种诅咒，了解的越多，想要的越多，短缺也就应运而生了。怎么办？老子也意识到这个问题，提出解决方案：

"不尚贤，使民不争；不贵难得之货，使民不为盗；不见可欲，使民心不乱。是以圣人之治，虚其心，实其腹；弱其志，强其骨。常使民无知无欲，使夫智者不敢为也。为无为，则无不治。"

"无知无欲，为无为"，似乎就能解决短缺的问题。但这与我们常识相反，人如果没有梦想，和咸鱼有什么区别呢？

老子的《道德经》是古代统治阶层的枕边书，写的是怎么让别人无知无欲，因为这样更好管理。他没有解释统治者自己怎么应对短缺的情况。换个思维我们可以这样想，短缺恒在，但如果我们什么都不做，脱离了成交场景，短缺就没有意义。你不会为你不需要的物品付出代价。

短缺客观存在，而且常常发生，连老子都意识到这是很大的一个问题。这就给了营销者操作空间。后文，我们将探讨营销时如何合理应用短缺的力量，达成成交。

2. 稀缺：物以稀为贵

2020 年的春天，一场瘟疫席卷全球。

一个月的时间，全中国人民都被科普了什么是新冠肺炎、飞沫传播、N95 口罩、医用外科口罩…今天的故事，我们不聊疾病，聊聊口罩。

口罩，顾名思义，是罩住口的一种装备，同为罩家族，这个罩发展得显然不如另外一种女性熟知的罩出名，毕竟那个品类已经有"维多利亚的秘密"这样的有文化内涵的品牌。反观口罩市场，还是一片狼藉，杂牌满天飞。2020 年春节之前，我一个口罩的名词都说不出来，仅仅是过了一个年，什么"N95""3M""熔岩层""医用外科"是手到擒来。一个产品的爆红，是这个产品的家族成员开始被广泛认识开始的。

同时，仿佛一夜间，朋友圈里不管做什么的朋友，都成了口罩微商，左手现货右手秒发，用爱托起你的健康。大家知道，我也算是医药圈的一分子，但我发现那些原本做医疗耗材的朋友，他们的朋友圈点开都是"断货缺货不打扰"。

朋友们也从春节的混沌中醒来，开始热衷于吹捧自己有什么样的口罩货源，动不动就是人在厂里，钱到账马上发货。同一段厂里的视频被说成在惠州、阳江、襄阳，反正你靠近哪里，这个厂就在哪里。

这下，傻子都知道，口罩市场要起飞了。

春节前，基于一些职业的直觉，我给一个做耗材的朋友打了个电话，当时的对话是这样的：

"凌总啊，我想要一些口罩！"

"哎呀，我这里大把呀，给你留500个吧！"

"好啊，多少钱？"

"要什么钱，送你了。"

"我如果买多少钱呢？"

"就两三毛一个，一百来块，不说啦送你啦！"

就这样，我赚了第一桶金。

医用外科口罩的价格，从节前的无人问津，到节后初八左右的2元，十五左右的5元，再到3月的7元，足足翻了30倍！

各种稀奇古怪的事也出来了，如期货口罩，就是先打钱赌口罩降价再发货的；如云口罩，就是朋友们一批口罩反复倒卖的；如跨国口罩，就是疫情初期从国外倒腾回来的舶来品；如摇号口罩，就是正规药店每天摇号卖口罩。反正一波一波，推动口罩价格不断上涨。

各种营销策略也出来了，如短视频口罩讲解，普及知识的同时卖口罩；如分期付款口罩，预付一年的费用享受恒定的口罩价格；如众筹口罩，大家凑钱去购买大批量的口罩……这让我见识了中国市场人这些年的进步。

口罩的故事还在继续，这个魔幻事件的原因其实很简单，就是"短缺"。

我们定义一下短缺，短缺不是稀缺，口罩并不是高价值的稀少产品，只是由于一时间需求暴增导致供应不及时，产生的缺口。短缺也不是紧缺，因为紧缺的东西往往意味着你无法匹配，如特斯拉、喷气飞机、邮轮，你紧缺只是因为缺钱。

而我想要说的短缺，主要是三种，欢迎对号入座。

第一种，物以稀为贵。

我们必须承认的是，有些东西在一定范围内，并不是一一对应的。就像一架喷气飞机只对应一个亿万富翁，一辆特斯拉只对应一个百万富翁，一辆共享自行车至少对应200元押金。或者说几乎所有的东西，在一定范围内，都做不到一一对应，除了空气、水、大自然。这就造成了短缺。

你会发现，这个世界上有很多别人享受了，而你却没有办法拥有的物品，比如说黄金地段的房子、限量款的手表……这些东西因为成本的原因，导致你需要付出相对应的代价才能获得。

所以第一种短缺摆在你面前，其实是不同的选择摆在你面前。你能忍受一年不吃不喝买一辆特斯拉吗？你能一个月不吃不喝给主播充值吗？你能接受以高昂的价格买口罩吗？这些选择在你。

第二种，独特的价值。

商家声明某件物品有独特的价值，其他都无可替代，而这价值往往是虚无缥缈的，如忠贞的爱情、永恒的回忆，等等，比如钻石。大家知道，钻石的探明量是很大的，但为了让市场保持一定的紧缺，大庄家们选择控制开采量。所以钻石的价格往往被裹藏在切割技术之下，与它真实的价值毫无关系。

我不是说钻石就没有价值，而是说它的价格和价值关系不大。钻石的价格需要大量的营销推广来维持，要在每一对恋人心目中稳固"钻石＝爱情"也是需要高昂的成本的。尽管大家都知道这是一件皇帝的新衣，但是在找到更好的替代品之前，钻石无疑是唯一的选择，既方便时时拿出来证明，又有着讨人喜欢的光泽，关键是价格还不菲，满足人们"贵重 = 高品质"的惯性思维。

一切说不清道不明的事，其实都有可能被独特的价值所捆绑。健康就是一个很好的例子，人太复杂，没有人知道自己的心理和身体状况到底是怎么样的，这就给了很多保健品、保健仪器"短缺"的空间。它们声称能改变你身体的能量，最后多半是改变了你钱包的质量。那些打着独家秘方，因为神奇疗效被 FDA 封禁的健康产品，最好还是离远一点，毕竟身体好不好可以锻炼，但智力好不好不能被人轻易就发现了。

另外，像一些特殊的服务，不要想歪了。我是说类似月嫂、红娘什么的服务，商家要加速成交，人为创造短缺是很常见的手法。例如交钱就能提升配对率；好月嫂必须提前半年约。这些完全不顾大市场规律的营销手段，其实是很容易被察觉的。

第三种，失而复得品。

陈奕迅有句歌词，是这样的："得不到的永远在骚动，被偏爱的都有恃无恐。"这就是人普遍难以克服的一种心态，因为损失厌恶心态，大部分人都不想让到手的东西又失去。但是一旦某件东西曾经拥有，又失而复得，人们就会潜意识认为这是短缺的，并执迷于长期拥有它。

很简单，那些充值的视频网站，一切引诱你试用然后需要续费的产品，都是在利用人们失而复得的心态。

这种短缺甚至称不上是一种短缺，从上面会员的例子你就看得出来，它只是对你自己来说是短缺的。只是因为人们对失去一样东西的感觉的厌恶，所以误以为是短缺。这种心态很好理解，毕竟已经出现过一次自己不拥有这个物品的状况，那么它的流逝很可能会再次发生，为了不要再面对那种失去后的心态，我们倾向于认为这个东西是短缺的。

人们都有维护既得利益的冲动。换而言之，如果你想去爱一样东西，就是意识到它可能会失去。

今天的主角是口罩，聊的是短缺的原理，再跟朋友们聊天，就不仅仅停留在"哇！现在口罩好贵"的层面。你还可以顺便分析一下，生活中哪些东西真正是短缺的，哪些东西只是看起来短缺。

3. 如何应对稀缺：打破跟风思维

"快抢！要没有了！"

2003 年的 SARS 期间，盐、醋、板蓝根被恐慌的人们哄抢一空，有人说直到 2007 年金融危机才吃完 4 年前囤的盐。

2020 年的新冠肺炎，又导致口罩、额温枪、双黄连被同样恐慌的人们哄抢一空，口罩甚至变成硬通货，3 个口罩可以剪发，5 个口罩可以换一袋米。

还有更加魔幻的事情。

前几天我看一新闻，说人类本质上是互通的。一旦发生什么事情，全球人民都会不约而同地去抢纸巾。这个事情确实匪夷所思，无论发生海啸、瘟疫、战争，哪怕是竞选失败，都有人要说："嗯，是时候囤点纸巾了"。

有一则新闻更是承包了我一天的笑点，说香港一家超市，早上准备开门的时候，被人持枪抢劫了一大箱纸巾，损失高达 1000 元。我本来没有打算严肃对待这个抢纸巾的行为，直到这个新闻发生，我才觉得，一定有什么因素在背后作祟。

哄抢某件东西，到底是怎么开始的呢？

我们设想一下，假如现在平安无事，你去超市顶多按照中午吃什么、晚上吃什么规划一下，再买一些最近快用完的物品，然后就回家。

但是有一天你进到超市，突然发现人人都拎着大包小包，货架上想买的东西空空如也。特别是什么方便面、纸巾等货架上，除了价格标签什么都没有。你会怎么想？

写到这儿，我设身处地地思考了一下，有 3 个因素可能会造成这些东西被哄抢。

第一个因素，是信息，是那些通过各种媒体、渠道传到你大脑中的信息，例如口罩、纸巾、盐等常用品"可能"会出现供应不足，注意这里是可能，很多不负责任的媒体人会把道听途说的信息，加上可能两个字就大肆渲染，但人们阅读的时候又很少注意到这个"可能"代表的意思。例如，爸爸妈妈的微信群里，那些"绝密"新闻，就像这个消息全世界只有这个 127 人的广场舞群知道。这些消息往往还有一个惯性，就是一段时间内会达到峰值，再加上人的注意力陷阱（就是你越关注什么，就会发现这类的新闻越多，形成一种正向加强），导致这些信息逐渐累加以后，你居然从嗤之以鼻到信以为真了。

这些消息说白了就是"制造恐慌—诱发行动"，通过歪解一些消息，制造一个虚伪的假象，通常是某件物品有什么功效（口罩能阻挡飞沫传播，这不废话嘛），少部分人已经知道了（这个127人的跳舞群属于知道比较早的，但前面有人更早就知道了），市场上开始供应不足（至于为什么供应不足，大多以产能不足一笔带过），再晚去就抢不到了（这时候写作的功力就显现出来了，高手往往是如果前面做得足，这个结论会呼之欲出；新手往往还要再引导一下，恨不得钻出手机屏幕拎着耳朵告诉你），最后，再放一个链接。一篇有生产力的新闻，就出炉了。别问我为什么知道，问就是我分析过。

大多数人这时候就坐不住了，想着看了这个新闻，我总得做些什么，不做什么好像对不起党，对不起胸前鲜艳的红领巾，于是拿上包，直奔超市而去。这些年网上购物也方便了很多，直奔超市的人大部分还有最后一丝理智，那就是家里囤的货实在太多了，这次一定要眼见为实。

第二个因素，是"人"，是这帮同时获取了消息，同时认为自己是天选之人，同时从无数个"××公园舞蹈队"群里走出来的人，在一家平平无奇的超市里面碰面了。

这里要解释一下，我反复提到的这个127人微信群，只是一个代称，还有什么"×××网游天团""滑板#我最酷""××带货大家庭"也不会幸免，群性质都是一样的，只是人不一样。这些消息，稍微隐藏得深点，稍微引用几篇学术论文，稍微加几个行业大咖的断章取义的话，不同层级的人都会被诱发行动。这时候，我就感觉改革开放初期，发达的人中有一部分文化水平不高是有道理的，毕竟只要你会文字，就有被文字控制的条件。

好的，我上面聊到这帮有奇妙缘分的人，走到了同一家超市里，他们面面相觑，不知道对方为什么而来，但是隐隐觉得来者不善，因为大家都推着手推车往同一个区域走去，越走越快，直到有一个人开始跑了起来。老老少少都奔着纸巾区域（这个主要取决于那段时间网络上炒作的是什么，也有可能是方便面、纸尿裤、盐巴等）冲刺，第一个到的以迅雷不及掩耳之势塞满了自己的手推车，第二名也是，直到那个最不幸运的人，他到的时候货架已经空空如也。

我想到了之前文章所提到的短缺原则，这个原则的触发和加强，在于如果你希望得到的某样东西，是资源有限的，同时，你发现了明确的竞争者，这个时候，人们倾向于尽早下手，以避免自己陷入失去和后悔的境地。

正如上篇文章所讲，几乎所有东西，在一定范围内，都做不到一一对应，除了空气我们可以共享外。短缺是一个时间段内必然发生的事情，只要当下的需求超过了供给，就会出现"资源有限"的情况。而这个时候，假如你发现了一个和你有相同目标的竞争者，资源的抢夺就进入倒计时，倒计时的结束是其中一方获得所有权。

从这个道理来看，汽车摇号就是一个很愚蠢的事，本来路上的汽车不至于那么多，但是人为创造一个"资源有限且有竞争者"的游戏，便导致了需求爆发。

第三个因素，是"事实"，上面那个最不幸运的人发现货架已经被抢空了，开始悔恨为什么跑得慢、停车太久耽误了自己，然后为了告诫自己的亲朋好友，拿起手机，拍下了一张货架一空的照片，发在了群里。

这个真相在一段时间内成了组成第一个因素"信息"的一部分，加强了信息的可信度，一场猫追尾巴的游戏就开始了。

这里分析一下，为什么纸巾的炒作效果总是特别好呢？我觉得主要原因是纸巾体积大，但价格不高，大部分超市只有小小区域堆积，而因为体积大，货架上能堆的货就有限，这样一抢起来，可以说是最不禁抢的，对比起其他货品来，更容易出现被抢得"货架一空"的表象，如果是什么牙刷、毛巾等体积较小的物品，就很难拍出那种"你看，已经被抢空了"的照片。

抢纸巾在一些人看来似乎有点太低级，但是我们看看那些自认为智商很高的人群，在抢限量款包包、签名版吉他、定制版跑车的时候，又高明多少呢？只是文案包装得更华丽一些，广告做得更持久一些，教育做得更深入一些罢了。

写到这里，我不禁环视了一下自己工作的环境，我五彩缤纷的非主流鼠标、敲起来有清脆回响的黑轴键盘、超长加宽不伤眼的显示屏、坐着的带透气旋转功能的工作椅，哪件不是自己看了广告以后产生的错觉呢？我还好意思写以上的文字，当时兴冲冲熬夜等双十一凌晨红包雨的自己，何尝不是芸芸众生之一呢？

所以，我决定从今天开始，以一己之力对抗整个营销界，这个很难，因为营销界引以为傲的就是它契合人的本能，所以我是以一己之力对抗人类本能……好了，牛就吹到这。

为了对抗这种力量，我们需要时时审视自己的生活，一旦我们想要获得某件东西时，就应该问自己，我们是真的需要使用到这样东西，还是只是想拥有它。如果我们争先恐后地购买了一件物品，但是却对生活没有任何帮助，并且在未来也无法发挥价值，那这样东西很有可能就是一个虚假的短缺品。

更深层次来说，我们要意识到，人赤裸裸地来，已经带着一切生命所需品了，除了生命和时间外，我们并没有真正短缺的东西。

4. 制造短缺：探索客户需求

短缺是事实，人们也很容易产生这样的想法：获得一样东西的难易程度常常与质量成正比，人生中那些越珍贵的东西，越稀有，例如黄金和钻石。另外，一项物品很稀缺时，是不是其他人也有可能很喜欢它，既然大家都想得到它，那它一定很好！再加上，人们对失去某种东西的恐惧，似乎要比获得同一物品的渴望，更能激发行动。当我们意识到有失去某样产品的可能的时候，我们就应该立即抢购这个产品。

既然了解短缺的原理，营销时就能制造场景，让"短缺"发挥更大的作用。

《纽约时报》作者彼得·克尔提到一种基于"短缺"的电话骗局，这种骗局由三通电话组成：第一通电话中，推销者会包装自己，例如自己代表一家听起来值得信赖的机构，吸引客户对项目感兴趣。第二通电话就包含推销的手段，推销员会吹嘘这个项目能赚到多少多少钱，但接着告诉客户，这个项目已经不接受投资了。关键的第三通电话来了，推销员会说帮客户争取到一个参与这个项目的机会，但是时间紧迫，往往还会一副上气不接下气的样子，告诉客户自己费了很大劲才有了这个"机会"。彼得·克尔写道："推销员在客户眼前挂上一根胡萝卜，然后又把它拿走，目的是让人不假思索地投资。"

读者很容易就能发现，骗局的关键就在于：被制造出来的"短缺"。制造"短缺"甚至不用见面，一个文案就能引导消费者进入状态。

接下来，我们就谈谈如何制造"短缺"。

制造"短缺"的第一步，是选择合适的目标。像常见的食物、服饰、生活用品很难引起大家"短缺"的共鸣，工业化大生产的产品意味着成本、价格下降，也意味产品获得的难度也在下降，并不能作为很好的"短缺"标的物。

好的标的物最好具有独特价值，有一定空间或时间上的不可替代性。很多人以为大红袍是红茶的一个品种，但被公认的大红袍，仅产自于福建武夷山九龙巢岩壁上那6棵茶树，最好的年份产量也不过几百克，现有市面上的"大红袍"基本是母株扦插所产。1972年尼克松访问中国时，毛主席也仅赠送四两大红袍母株茶叶。因此我们对大红袍的高价就不足为奇了。大红袍就是一个很合适的目标。这个世界上有一样东西是真正独一无二的，就是每个个人。人也是"短缺"很合适的目标。公司的核心竞争力一定包含人的因素，投资最关键的是投创始人，结婚最关键的也是选对人。

制造"短缺"的第二步，是选择合适的谈判对象。"短缺"很大程度上是主观的，换一个人可能根本不需要这个标的物。这个道理很简单，不喜欢喝茶的人，大红袍的故事再曲折也不会感动他；不喜欢喝酒的人，头曲和发酵技术再好对他也没有意义。对不合适的谈判对象就像对牛弹琴，都不能说事倍功半，是完全起不到效果。

市场营销关键的行为之一，就是探索客户需求。人常常无法认清自己，很多时候也需要引导，才能发现对方真正的需求。探索客户需求最终的目标，是引导对方对标的物产生强烈的渴望。

制造"短缺"的最后一步，是设置条件。成交窗口不会一直存在，可以通过上文提及的时间限制、数量限制，让谈判对象产生紧迫感。如果你长期住在一个区域，就知道那些打着"最后一天马上搬迁"口号的商店，至少会开上半年才真正搬走。"短缺"的条件有时候会很被动，我的孩子在满月、百天、半年时分别拍摄了很多照片，就是因为那家儿童摄影公司力劝我老婆：孩子的状态一旦没有记录就再也拍不到了！这对于父母而言，就是一个无法抵抗的"短缺"条件。

这里写到的"短缺"力量，常常在谈判时发挥作用。前文也提到，营销通常包含两个步骤：销售和谈判。销售的关键是吸引，谈判的关键是成交。短缺，属于临门一脚的技能，在谈判对象拿不定主意的时候，短缺往往会促成成交。

第十二章　强强联盟法则

| 人们愿意听从和自己在一起的人，利用身心合一和行动合一达成联盟。

1. 联盟：源于集体的力量

你想买一辆车，没有什么主见，于是你走进一个 4S 店，汽车销售员说轿车舒适，你的朋友说 SUV 好驾驶，你的家人说 MPV 更实用，你会选择听谁的呢？回想一下你买车的时候，最终对你产生影响的是谁？通常情况是，家人对我们的影响最大。我父亲买第一辆车的时候就说他喜欢跑车，但是家里人多，他不得不选择既能拉货又足够家人乘坐的货车，就是那种 20 世纪 80 年代常见的前面坐人后面有个货尾的车。直到近些年我妹妹也参加工作，常坐他车的人只有我妈妈，他才重新想要买跑车，只是这时追求速度的想法也逐渐消退了。

这种被人忽视的力量，叫作"联盟"，这种力量常常让其他成交技巧溃不成军。

联盟最常见的方式，是通过"亲情"发挥作用。从遗传学的角度来看，血缘传承让基因得到延续，帮亲人就像在帮自己，这满足了人延续基因的底层需求。不管是孩子对父母或者父母对孩子，都存在"无条件、无替代"的影响力。包括与我们有血缘关系的长辈、兄妹、亲戚，都会通过"血浓于水"的方式影响我们。我妹妹有段时间做代购，我的朋友圈常常被她的消息刷屏，我只能在浩如烟海的港货和韩国化妆品中，苦苦寻找有用的信息，但即使这样我也从没想过屏蔽她。仅仅因为血浓于水，我们就会敞开心房，甘愿被影响。

中国人还有一种特殊的联盟，被称为宗族。每个宗族都有族谱，你父亲叫什么、你叫什么、你儿子叫什么，族谱上给你安排得明明白白。一个个体出生后就隶属于某个宗族，未来不管走到哪儿，他都会被打上这个家族的印记。中国人最高的人生成就是光宗耀祖。宗族对我们的影响，植根于血液中。

还有一种"联盟"方式，源自血缘的认同，但与血缘没有直接关系，是一种更广泛定义上的"亲情"，如同乡、同胞、祖国等，这是一种"虚构亲情"塑造的联盟。例如我们会不由自主地倾向于信任"老乡"，虽然知道仅仅依靠"来自共同的家乡"做出判断会失误，但对比起在茫茫人海中遇到老乡的难得，失误似乎也不那么重要。西班牙曾经有项研究，用"同胞如家人"的概念唤起本国人民的联盟感觉，立刻大幅度提升了受访者为西班牙战斗至死的意愿。

家人、亲人、"虚构亲情"塑造的"联盟"，力量的源泉来自集体感，前文我们提到基因的目的是让遗传物质传承下去，与集体传承相比，个人的意义似乎不那么重要，模糊了个人与集体间的界限后，甚至会让个人产生甘愿牺牲自己的利益满足集体利益的冲动。同时，集体的延续能让个体产生安全感，虽然个人的力量不足为道，但只要个体属于某个集体，那么个体就能从集体中源源不断获取支持与力量。这种力量在关键时刻确实也能发挥作用。这种诱惑让人臣服于联盟。

后文，我们将介绍"联盟"发挥威力的实际情况。

2. 联盟的力量: 潮汕商会成功的源泉

在广东生活, 或多或少都会接触到潮汕人, 例如大名鼎鼎的腾讯老板马化腾、久盛不衰的香港首富李嘉诚、物流业巨子顺丰老板王卫, 这些富商都有一个共同的标签: 潮汕商人。无论是广州, 还是深圳, 潮汕商会绝对是一个神秘而又充满想象的地方。商会里的人遍布各行各业, 或者说各行各业都能见到潮汕商人的影子, 无论是深圳华强北的电子界, 还是广东房地产界, 潮汕人绝不缺席。

这就很容易出现一种感觉: 无论你在哪个行业, 要么选择和潮汕人合作, 要么将面对与潮汕人的竞争。例如 2018 年轰轰烈烈的王石万科与李振华宝能之争, 隐隐约约也能见到潮汕商会的身影。与潮汕人竞争是可怕的, 因为除了一般的市场竞争维度以外, 你不得不考虑潮汕商人的"联盟"体系, 或者说支撑他的这股潮汕团结的力量, 这是实打实的资源, 能转化为实力的资源!

我在广东工作了很多年, 也遇到过潮汕的老板, 体现潮汕商人特质的事情, 我随便就能举出好多。例如在外面吃饭,喝了酒我们一般用软件叫代驾，而潮汕人可以随时随地，在微信群里召唤一个小辈过来开车；例如，有一年春节我送潮汕老板回揭阳老家，到村里的祠堂一下车，就有将近 20 个和我老板神似的青年小伙冒出来，一看就是同一个家族的，潮汕商人不会有人力资源的问题；又例如，我曾在广西做业务，说实话我也算努力，和当地的商业公司老板相处了也有半年多了，其间喝酒打牌抽烟喝茶，也算是很熟了，但是业务一直没有进展。有一次我意外带了另一个潮汕朋友过去，我听他们聊了一下午潮汕话，一句没懂，回来业务就成了。务实的工作态度、无可替代的血缘纽带、精明的商业头脑，这就是潮汕商人得天独厚的商业特质。

究竟是为什么，潮汕人这么团结？这么适合在商业社会生存？

无论从历史的角度，还是从地理的角度我们都能发现一些线索，例如潮汕因为临海，物资不像内陆发达，也不能通过农业自给自足，所以潮汕人必须培养出交换的意识；例如潮汕土地贫瘠，所以同宗同族必须团结在一起才能争取到分寸的生存之地，这就造就了他们团结的意识；例如潮汕地处偏远，文化、语言受到外来影响少，也就较好保留了下来，这又反过来塑造了潮汕人内部的文化体系。

　　这个话题实在太大，但我认为最核心的因素是，潮汕人通过建立一个潮汕联盟，通过联盟消除不信任，通过联盟建立特定的行动方式，通过联盟营造一股"近我者昌、逆我者亡"的优势力量！联盟，就是潮汕商人力量的源泉。

3. 创造联盟：应对联盟最好的方法

"联盟"最终目的，是唤起对方的"亲人"意识。亲人代表了归属感、融洽感以及自我与他人界限的模糊。想要建立这种"亲人"的关系，血缘关系并不是唯一的路。例如潮汕人，可能通过潮汕话就能建立初步的联盟；例如同学、战友，这样特殊的经历、独特的经历，有很多共同的话题、回忆，也能让陌生人快速建立联盟。

前文我们介绍到很多"成交"的关键因素：好感有影响力，因为相似感能消除不信任感并产生能量；共识有影响力，因为数量大能产生能量；权威有影响力，因为信使即信息的传递者能产生能量；联盟有影响力，是因为自我与他人融合，也能产生巨大能量。

但是，拿联盟的力量对比好感的力量，当"那个人跟我们很像"对上"那个人就是我们其中一员"时，结果不言而喻。因此，应对联盟最好的办法，就是创造联盟。

这里有两种情况，第一种情况是我们没有联盟，要从零开始。

例如刚认识的两个人，通常先梳理一下，看有没有可以建立联盟的共同点，地区、经历、岁数、姓氏等，甚至有没有双方共识的人。一旦对上口径，短暂但稳定的联盟关系就暂时确定了。长久的联盟，通常也是从零开始，时间会让联盟越来越紧密。从零建立联盟时，经验丰富的人通常会问对方两个问题：一是年龄，通过年龄大概就能知道对方经历过什么事情，小时候我爸介绍我总说是学潮那年出生的，这是他们那个岁数的人共同的认知符号；二是地区，通过地区大概就能判断对方的生活状况是怎样的，是贫穷还是小康，经历过什么样的事情。当你下次见到陌生人，你就不会再排斥用"查户口"的方式来了解对方了，这是一种拉近关系的方式，也是建立"联盟"的必由之路。

好一点的情况是，我们已经有了联盟，例如属于某个集体、某个团队，那么最好的办法就是加固它。加固联盟的方式有很多，这里介绍两种。第一种是创造共同的回忆，如我们可以定期组织聚会，创造只属于联盟内成员互动的机会，如老乡聚会、十周年同学聚会。不要小看这些聚会，时间对每个人都是宝贵的，愿意付出个人的一段生命，以特定的方式度过，时间久了回头看，这段回忆会显得弥足珍贵，联盟也会得到加固。第二种是我们可以通过特定的方式共同行动，如成立一个基金、援助某个联盟成员、发起某项倡议。这里关键在于用特定的方式，如果只是大家一起打麻将、斗地主，联盟的价值就得不到体现。

　　创造联盟的目的一定是积极向上的，所做的事情是有意义的，否则联盟毫无价值而言。

4. 强强联合：创立属于自己的联盟

联盟的出现，常常可以颠覆成交的局面，签下不可能签的单，打败力量远超于我们的竞争者。联盟的好处，从潮汕商帮、福建商帮这些特别的联盟中你应该就能看出来了。显而易见，联盟内，每一个人都像是自己的亲人，面对亲人你还挑剔什么呢？同等条件下肯定选择联盟内的人作为合作伙伴，甚至其他因素都不再重要了，选择联盟成员，降低不信任带来的效率低下，大多数时候也是理智的选择。

坏消息是，我们不都是潮汕人，联盟这个武器又应该如何发挥作用呢？要承认的是，通过后天建立的联盟，耐久度坚韧度很难超过血缘的联盟，但也不是说我们无法应用"联盟"的力量。

除了"血缘"关系外，有三种方式是能有效地建立联盟的。

第一种，通过共同的回忆创造一个联盟。例如都骑行过川藏线，这个经历不难但确实不常见，如果遇到了绝对有很多话题可以畅聊；例如都参加过五月天鸟巢演唱会，要知道看过听过那场标志性演唱会（考虑后面还有光碟可以在网上看）的不低于 100 万人，但这段经历也足够两人回忆，音乐在很多时候比美术更能扮演好联盟的角色。

第二种是通过创造持续交换的场景，例如持续询问对方问题，逐步开展小合作，甚至就连持续共同吃饭、运动，也能营造出一种亲密感觉，其中关键点在交换秘密，这就是为什么女性朋友之间有一个特别的称呼叫闺密，这通常就是分享了某些秘密的联盟。男性在这方面天然劣势，狩猎的天性要求男人必须目标明确，塑造联盟这么重要的事情，却没有得到足够的重视。甚至有些男人天然反对联盟，信奉"猛兽都是独行，只有家禽才结伴"这样无厘头的话。

第三种是共同创作，这点有点类似于生孩子。如果一个团体曾经为了一个目标一起奋斗，并且创造出来一些东西，那这个东西就成了维系联盟的纽带。很多企业家都会将创业公司比喻为自己的孩子，就是类似的道理。商业运用上，如宜家的产品，其实做好卖给你多不了多少成本，但却能给你一种自己亲生的感觉，无形中拉近了宜家品牌和你的距离。小米公司早期的米粉，就是一个围绕小米产品聚集在一起的联盟，这个联盟给新产品提意见，搞宣传，还有定期举办的"米粉节"，这样的联盟让用户和商家形成良好的互动。

联盟的力量可大可小，对比起其他影响力手段，联盟更需要提前布局、需要深谋远虑、需要机缘巧合。但同样地，联盟带来的影响力是持久的、深刻的、不容易打断的。从这个角度考虑，你应该学会如何使用联盟，打造一股像潮汕人一样团结的力量。

第三部分 PART THREE

「成交十法」的应用

如果你有行动力，你就会成功；如果你有创造力，你就会卓越；如果你有影响力，你就会有成就。

——牛根生

第十三章　语言让成交变得更轻松

1. 语言的力量：万物之灵的不二法宝

语言是信息的一种载体，相比其他信息传递方式，如舞蹈、眼神、面色而言，语言传递的信息更高效。原始人用语言，告诉同伴哪里有食物、哪里有猛兽。贾雷德·戴蒙德在《第三种猩猩》一书中写道：

"语言让我们共同草拟计划，彼此教导，学习别人的经验，包括不同时空的经验。有了语言，我们能将世界精确地'再现'在心中，并储存起来，而且信息编码与加工的能力比其他动物更强。"

人之所以为万物之灵，语言是关键。一个人能思考到的事情是有限的，人类通过语言交换思考的内容。没有语言，人们无法积累、传承经验；没有语言，人类的智能可能止步不前；没有语言，很难想象我们能建造浦东新区、东方明珠塔和"有四个轮子的铁盒子跑得飞快"。

从农耕时代到工业时代，再到当下的信息时代，语言也越来越重要，影响力越来越大。小到跟市场小贩讨价还价、大到国与国之间政治协商，语言甚至变成一种权力的游戏，叫作话语权。

《话语权：美国为什么总是赢得主动》开篇就提道："让人喜欢是一种魅力，让人信服是一种能力。"

作为普通人，我们也应该重视语言的作用，有以下原因：

第一，你说什么样的话，你就是什么样的人。人们判断一个陌生人，信息是相对少的，往往只能从你口中说什么、传递什么信息，来判断你可能是什么样的人。

第二，因为语言本身的作用是为了传递信息，提高沟通效率，如果没有准确地表达你的想法或者了解清楚对方的想法，会造成极大的资源浪费。

第三，当下世界，注意力逐渐变成稀缺资源。人们正处在信息爆炸的时代，如果你不擅用语言传递信息、价值，则会被信息的洪流所掩盖。

在这一章中，我将介绍常见成交的场景，如日常沟通、演讲、谈判时，应该如何应用"成交十法"和"成交心理学四部曲"。例如演讲，你可以参考"成交十法"，在初期使用好感、联想、恩惠的方法，让听众对你产生信任；在演讲最后，你可以应用承诺、短缺的方法，促使听众产生行为，达成演讲的目的。当然，演讲本身也可能是塑造权威、建立联盟的过程，想象一下大部分的论坛，演讲者就是为了塑造专业形象，寻找支持者。

成交离不开语言，如果说商场如战场，那语言就像是一颗颗子弹。我们常常形容，有些人说话就像子弹一样快，但我们更希望说话像子弹一样准！

2. 沟通的力量：拉近彼此的距离

有一款电脑游戏，叫作虚拟人生。如果我们的人生是电脑程序虚拟的，我们可能不会有那么多烦恼。虚拟的人生由算法设定，每一个行为的结果都是可控的，就像计算航天飞机如何到达指定轨道、导弹如何击中目标一样，我们只需要设定参数、执行算法，就可以达到既定的目标。可至少现阶段，人类还不确定世界的本质是不是算法。面对真实的人，我们无法预测，你和对方的每次输出会产生什么样的结果。

这时候，我们需要沟通。当我们带着目的与人交流时，也可以使用前文介绍的方法，为了方便记忆，我将沟通与"成交十法"结合，暂且总结为"成交沟通五步"。有必要强调一下，成交是为了达成一致，所谓的"成交沟通五步"是为了帮助我们提高一点沟通的效率。如果本末倒置，想使用纯粹的技巧影响、说服，甚至控制对方，既不道德，效果也不好。

第一步，是分析对方，一旦开始沟通，意味着两人都将投入时间和精力，而每个人的生命都不应该被无端地浪费，分析对方，是为了理解、尊重对方。沟通出现问题，常常就是因为在前期不了解对方的情况，出现"我以为对方知道"的错误。我的工作要常和医生打交道，有些医生特别受患者喜欢，我问他秘诀，他说其实也没什么，就是"患者来医院都想多聊聊自己，所以要引导他们多说自己的情况，将对方看在眼里，放在心上"。感同身受地理解患者的痛苦，才能让患者更好地配合治疗。

如果时间紧迫，没有办法在沟通前分析对方，我们至少要更多地倾听。倾听也是为了收集信息，包括权力信息，例如讲话的人是谁，有多大的影响力；包括态度，例如对方的话，与自己的立场是一致还是反对，等等。有个有关倾听的笑话是这样说的：

老爷爷觉得老奶奶耳朵聋了，于是想测试一下老奶奶的听力。回家以后，老爷爷从门口就开始喊"我回来了"，老奶奶没有回应。然后老爷爷在离老奶奶10米、5米、3米的距离分别喊"我回来了"，可是老奶奶都没有反应。老爷爷很伤心，走到老奶奶身边，终于听到老奶奶说"你是不是聋了，我已经回答4次了"。

无准备的沟通有以下三个建议：第一，尽量给予对方空间感，面对陌生人，每个人都会有生理、心理上的自主空间，最好是保有一定的身体距离，留给对方空间；第二，尽量将重点放在对方身上，了解对方的性格特点，通过微表情、口语、动作等外在直观的表现，了解对方是否愤怒、是否难堪、是否兴奋，等等；第三，尽量避免过多用"我"开头，要清楚世界并非围绕着某人，沟通是一个双人游戏。

分析听众是成交沟通的基础，我们通过分析听众了解到一些关键信息，例如对方的聚焦点、喜欢的沟通方式、语言特点、联盟成员，等等。这样我们才能在之后更好地应用"成交十法"。

第二步，要做好沟通的自我准备。一旦准备沟通，就应该不放弃不退缩，勇敢站在自己的立场上。思想的改变，只能发生在交流结束之后，你自己复盘时。在沟通过程中坚定自己的理念，让别人保持好奇，继而让别人质疑他自己的理念，才是本次沟通的目标。

沟通中什么情况都有可能发生，自己的心理建设要准备好，重点是情感保持平和。无论沟通过程发生什么，都要告诫自己不要气急败坏。可以情绪激动，但不能失去对自己情感的把控。这一点说起来容易，但很多人在听到对方与自己意见不一样时，都会生气"你想的怎么和我不一样"，继而感觉被冒犯。即使最后结果和自己预想的不一样，也最好保持平静的心态，等待更好的突破口或结合点。

这里，同样有三个建议，分别是自嘲、自谦和沉默。关于自嘲和自谦，我们在"成交十法"好感一章中详细介绍到，示弱的方法能让对方产生好感。这里重点介绍沉默。沉默也是一种无声的沟通，特别是当差异出现时，沉默至少是一个不会错的选择。通过沉默你可以拥有足够的时间思考，保持警觉，避免错误，探寻更深层次的原因，加强逻辑，修正想法。沉默可以让你守住自己的秘密。

第三步，沟通的前期，重点在于吸引对方的注意力。若对方处于走神的状态，很难达到沟通的效果。你可以采用"聚焦"的方法，例如直接诉诸利益，"做成这件事情对你有什么好处"，开门见山地抓住对方的注意力。"聚焦"也可以通过抛出比较有趣的话题，激发对方的好奇心，"这件事情居然是因为……"即使没有太多语言，我也建议你与对方握手，郑重地看着对方，从行动上让对方尽快进入与你构图的场景。

另外，沟通前期为了营造亲密的关系，你还可以采用"联盟"的方法，例如聊名字、聊家乡、聊共同经历等，在沟通前期拉近彼此的距离。这里值得一提的是关于餐桌沟通的话题。中国人有独特的饮食文化，很多生意似乎都是在餐桌上谈成的。但真相是，餐桌并不是一个很好的沟通场景，在沟通的前期你就会发现，在餐桌上，重点和注意力很难集中。好的策略是在餐桌上应用"联盟"的法则，让对方先与你有共同的话题。

第四步，沟通的中期，重点是形成共识的基础，双方意见不一致是常见的情况，沟通也很难让某人看法产生 360 度转弯，我们只是尽量在寻找共同点，达成一致。

沟通书籍会介绍到一些基础的原则，例如逻辑清晰、语言得体；多运用颜色、联想、悬疑、幽默、惊叹等技巧让对方更加容易理解、记忆；说服的数字要精确、标准、规范；等等。在沟通过程中，由于观点不同，对方的心理也会发生变化，在好感与坏感之间游离，这个时候不要过度干扰对方思绪的转化，但是要确保最后的感受是好感。

沟通中期尽量能让对方倾向于我们的立场，可以应用"权威"的方法，提到贵人、贵言、贵事。在沟通中，有一个方法，叫"GOLD DROPPING"，意思是无意中掉下金子。这里关键在于无意，自我标榜认识某些大人物或者用权威来压对方，反而会起到反作用。我的经验是，在沟通中无意中提及自己曾在"香港大学"就读研究生，尽管与话题不一定相关，但至少可以暂时借用一下"权威"的力量。

第五步，沟通的最后，重点是缔结。我们不一定寄希望于每次沟通都能成交，但最好每次沟通都能缔结一些观点，离目标近一些。如果你没有抱着某种立场、意见与人沟通，常常随波逐流，长久来看不是聪明的选择，时间和注意力是宝贵的，沟通双方的时间都是弥足珍贵的。

你可以使用"成交十法"中"短缺"的办法。"短缺"能促使对方下决定。例如通过营造时间的紧迫感，让对方产生时间稀缺的感觉；例如限制下一次沟通的机会，"我十一要出国旅行，这件事今天不定可能就要到那之后了"。

以上内容就是"成交沟通五步"，总的来说，"管住自己的嘴，照顾好对方的心"是沟通的不二法门。《一句顶一万句》中讲了一个孤独无助的农民——吴摩西为了寻找与人私奔的老婆，在路上失去唯一能够"说得上话"的养女，为了寻找她，他不得不走出延津的故事。你体会一下沟通的重要性：

"一个人的孤独不是孤独，一个人找另一个人，一句话找另一句话，才是真正的孤独。话，一旦成为人与人唯一沟通的东西，寻找和孤独便伴随一生。"

练 习

沟通对象	建议的沟通方式
家人	无距离感，重视情感而非理性
朋友	近距离感，可以用比较直接的方式，直捣黄龙
长辈	换位思考，寻找长辈能理解、感受的点，尽量给出解决方案
小孩	挑衅感，不要用优越感和强势感刺激他，将小孩当成大人对待
专业人士	依靠共识，克制住自己想要表达的主观冲动，提出抽象的需求
不求上进	降低对方对结果的恐惧，用可能性替代目的性，营造愿景
异性	保持神秘，给女性安全感，给男性自主感

3. 演讲的力量：拉动共情力

《勇敢的心》是根据真人真事改编的一部电影，影片的人物原型就是英国历史上富有传奇色彩的英雄人物威廉·华莱士。在电影中一场战役之前，威廉对追求自由的将士们发表了一段演讲：

"战斗，你可能会死亡；逃跑，你也许能苟且活下来。你们！愿不愿意用这么多苟活的日子去换一个仅有的机会！那就是回到战场，告诉敌人，他们也许能夺走我们的生命，但是，他们永远夺不走我们的自由！"

即使没有看过电影，你应该也能感受得到这段话的魅力。你想象下那个场景，一个人就凭自己的喉咙，让成千上万的将士因为他的这段话兴奋、激动！这样的力量绝对堪称旧时代的原子弹。

当着众人的面发表意见，面对各种难以预料的状况，以及内心深处的不安全感，这个很多人的"恶梦"叫做演讲。诚如你看到的，演讲的威力很大，但这也是一件违反生理的事情：将自己暴露在大家的注视之下，对原始人来说绝对不是什么好事情。我认识的很多厉害的人物，才思敏捷、行动灵活，偏偏就是不善于演讲！

好消息是，经过无数人实践、提炼、总结发现，演讲也是可以训练的。并且甚至不需要太多训练，就能做好演讲这件事。在听罗永浩演讲之前，我从不敢想"平铺直叙朴实无华"也能成为演讲的风格。很多人煞有介事地整理：内在的人演讲更厉害，因为他给听众的感觉更像是技术人才，人们对技术人才通常是很包容的，这就是工匠精神！至少工匠精神是对的，演讲就像工匠打磨产品一样，付出时间和精力，你能收获对等的回报。

演讲的技巧可以通过训练习得，那是不是说"成交十法"这样通用的技巧也可以结合演讲呢？我的理论是完全可行的。为了方便记忆，我总结为"成交演讲四个关键"。

第一个关键，我们要理解演讲的本质，演讲是一个从传递信息到复制思想的过程。单单告诉听众信息，他们是不会有行动改变的。一般而言，一次成功的演讲会产生三种积极的效果。第一，听众知道了你的观点，并且体验到之前未曾体验过的感觉。很多新品发布会都会营造体验瞬间。例如乔布斯从自己口袋中拿出 iPhone 4 时，他说了什么？他说这个玩意儿重新定义了手机！这就给了观众一种未曾体验过的感觉。第二,听众因为这一次演讲,有了新的决定,决定可能是当场做出的,也有可能是种下了一个种子,在会后行动。第三,听众立马采取了行动,他当着你的面做出了一些事情,例如签下订单、同意加入团队、说了声好等。

所以,我们进行演讲,最终的目标是复制思想,是通过引用一个理念,传递一个理念,来获得听众的一个认可,一个行为改变。更深层次地讲,演讲是赋予产品思想、价值,卖给听众一个他未曾拥有的梦想。

你想要通过演讲达成什么目标呢?不妨回答得具体一点,答案越明确,你成功的可能性越大。这里有一个关键:检验演讲成功的标准是听众的行为。你要学会用听众的行为来判断你的成果,你可以这样评估:"演讲后,我希望超过5人来应聘我的团队""产品宣讲完,有20位听众决定下订单"。这样量化的行为是检验你演讲最好的标准。

这里我们应该使用"成交十法"中的"聚焦"原则。人的注意力是有时效、会递减的,在传播的过程中会消耗掉信息的丰富度,一场演讲中,你最想让听众做到的内容,往往只占你所有内容的10%。所以,好的演讲要围绕着焦点展开。那些背景序章,都是为焦点的闪亮登场而做铺垫的。无论你的演讲设计得多丰富、多精彩,你都应该记得,你想引导听众聚焦的地方在哪儿，你最想要听众做出的行动是什么？

怎么训练呢？你应该时刻锻炼"聚焦"的能力，例如养成提炼要点的习惯，将你的想法变成一句简单、清晰、直接的话，用最有力量的语言表述它。例如"这次机会关乎品牌成败，我们必须在30天内拿出3套方案""预算控制是这个月的核心，支出和收入必须保持一个比例才算成功"。

从市场营销的角度看，这个焦点有时候被称为广告语，有时候被称为"独特的销售主张"。其实就是表达一个意思，给听众记忆和联想点。例如化妆品牌法国兰蔻，它的广告语：你值得拥有；另外一家知名的化妆品公司广告词：在车间，我们生产的是化妆品，在商店，我们销售的是美丽；这与农夫山泉的广告有异曲同工之妙：我们不生产水，我们只是大自然的搬运工。消费者一听到这些朗朗上口的广告语，立马能想到品牌的特质。这里也是应用"成交十法"中的"联想"原则：值得拥有的不仅仅是兰蔻小黑瓶，还有一种高雅的生活方式。

第二个关键，演讲的主角并不是你，而是听众！演讲常出现的一个误区是：你认为听众都在听你说话，但事实上他们没有。在告诉听众听你讲话的理由之前，他们是不会在乎你说什么的。在他们对你将要说的东西感兴趣之前，他们是不会抬头看你的。

因此你需要从观众的角度出发，去了解观众究竟想要什么，去思考自己的演讲主题和听众之间有什么关系。这么说吧，最好直接列出三条听众要听你的演讲的理由。给听众三个合理的理由，解释这次演讲跟他哪些相关性，他们将收获什么，会失去什么。如果你来不及分析听众，小技巧是不要在演讲中多次用到"我"这个字，听众关注什么？是他们自己。如果你开口说话的时候用"你"，就是一个良好的开端，因为你讨论的是听众喜爱的主题。

还记得"成交十法"的"恩惠"原则吗？就像商场赠予消费者的"赠品"，从听众的角度出发，给予听众他们想要的信息，也是一种"赠品"。我经常在演讲之前，告诉听众所有的演讲资料我都将做成电子档案，发给大家。这对于我来说几乎是一件零成本的事，但同样也能起到"赠品"的效果。

第三个关键，要设计好你的演讲框架。如果你想让听众从 A 点走到 B 点，那听众一定要获得某些信息，才会做出改变，这些信息就是论点，是全文的骨架，是支撑核心论点的必要部分。在设计演讲框架的时候，要记住任何事情都可以归纳出一个中心论点，论点由论据支持，如此延伸状如金字塔。

金字塔原理牢牢地撑起你的核心论点，在准备论点和论据的时候，注意以下两点。

一是要以上统下，归类分组。以上统下要求每一个论点都包含它的子论点，从上至下统筹。关键是要相互独立、完全穷尽。相互独立指的是各个部分相互排斥、没有重叠，完全穷尽指的是所有部分没有遗漏，全部列举。例如，把人分为"男女"就是一个很好的分法。

二是要逻辑递进，用演绎法或归纳法。演绎法指的是每一个论点之间有着逻辑推论、联系，一般来说可以从时间、重要程度上来推导，例如解决问题的三个步骤、完成目标的三个阶段、绩效改进的 PDCA 循环这些都是运用时间结构演绎出来的。重要性的推导，如项目的主要问题、次要问题的推导，也是演绎法的一种。归纳法可以按照空间、组成、结构来将相同元素归纳在一起。

这样，你就能获得一个逻辑稳固的金字塔，来支撑你的论点。美国总统罗斯福有一段电台演讲很出名，那是 1933 年，美国正处于大萧条时期，民众非常焦急，为了缓解大家的情绪，罗斯福在电台发表演讲：

"朋友们，我想花几分钟时间同美国人民谈谈银行的情况。只有很少部分人了解银行运行的机制，而绝大部分人将银行当作存钱取钱的地方。我要告诉大家，过去这些天我们做了什么，为什么要做这些事，以及我们下一步的行动计划。"

罗斯福的这段开场白，既应用了分类法（懂金融和不懂金融的），又使用了演绎法（做什么，为什么要做以及怎么做），短短两句话就搭建了一个稳固的金字塔。金字塔的方法在很多情况下都适用：例如你想向你的团队推出一套新的管理系统，如钉钉系统，那他们可能需要知道，钉钉怎么运行的，钉钉能给他们带来什么好处，为了运行钉钉他们需要怎么配合；例如你想让孩子学习音乐，那最好让他知道音乐的美妙、音乐能带来什么，以及他需要付出什么努力。

第四个关键，是在演讲中融入感情色彩。仅仅靠提供信息，你依然很难赢得听众，更聪明的做法是使用"好感"原则，让听众"喜欢"上你！近来的研究揭示了人类大脑深藏的秘密：决策不是由处理逻辑、事实、分析的左脑做出的，而是由处理情感、概念的右脑做出的。换句话说，我们的决策不是基于事实而是基于感觉做出的。如果你仅仅是通过提供数据、工具的方法想要说服某人，那你就是在跟错误的大脑对话。你所记得的那些好的演讲，常常都是给听众创造一种"独特的"情感体验。好莱坞头号种马沃伦·比蒂说："听众可能忘掉你说过些什么，但是永远不会忘记你的话曾经带给他们的感觉。"

因此除了数据、信息以外，你还需要情感的佐助，才能同时感动人的左右大脑，引起共鸣。特别是在诠释舒适度、时间、安全感、社会认同等议题时，情感纽带更为重要。

1940 年 5 月，"二战"还在进行中。英国首相丘吉尔发表了他的就职演讲，他说：

"我没有什么可以奉献，有的只是热血、辛劳、眼泪和汗水。摆在我们面前的，是一场极为痛苦、严峻的考验，在我们面前，是充满斗争和苦难的漫长岁月，没有胜利，就不能生存。"

这段开场白让人感到压抑，是黑色调的演讲。但是结尾的时候，丘吉尔使用了完全不一样的情感色调，这使得他的结尾更加突出、更加打动人心，他是这样说的：

"但是，当我挑起这个担子的时候，我是心情愉悦、充满希望的。我深信，人们不会听任我们民族遭受失败。此时此刻，我觉得我有权力要求大家的支持，我要说，来吧，让我们同心协力，一道前进。"

在结尾的时候，我强烈建议使用共情的方法，这个时候没必要加入新的信息，演讲最后的目标，是要引起听众的情感共鸣。你可以使用展望未来、故事、情景描述的方法，目的是触动听众的情感，创造一个难忘瞬间。有经验的演讲者总是说"无煽情不结尾"也是同样的道理。

明确聚焦点、分析听众找切入点、搭建稳固的论点、煽情激起听众泪点，"成交演讲四个关键"我已经和盘托出。最后，附件是我整理的"演讲大纲"，供你参考。

练 习

内容	答案
听众分析：为什么听众要在乎	
核心关键：一句话表达你要传达的信息	
行动聚焦：演讲结束的时候听众将决定……	
支持行动：以下理由支持听众做出这样的决定	
支持情感：以下情感让听众认同这样的决定	

4. 谈判的力量：你问我答的秘密

如果说沟通受理性与感性影响，演讲者更多受到感性影响，那么谈判则是理性之间的交锋。谈判双方通常都是经过了充分的准备，对目标有清晰的认知后，才会走上谈判桌。这时想用技巧改变对方立场和底线，存在难度。

谈判本质上是一种原则的交集，因此不要在立场上讨价还价，我们应该关注的点是对方思考方式以及可能出现的解决突破口。关于谈判，我总结为"成交谈判表"：

内容	关键
信息收集	谈判前沟通时候需要认真聆听对方意图，多谈谈自己对问题的理解。 当彼此坐下来，也可以旁敲侧击地打探信息，例如可以通过"你是怎么知道我这个项目的"来判断对方的信息来源，了解背景。通过"你们之前做过这类项目的最大额度是多少？"来试探对方的底线。
心理建设	己方的情绪建设，人和事分开，设计好谈判破裂线（即我方的底线）做好谈判失败的预案。 对方的情绪建设，承认并理解对方的情绪，摸清对方的谈判破裂线，适时让对方发泄情绪。

利益分析	问自己目标是想通过谈判影响谁的决定？ 问自己为什么对方愿意或者不愿意这样做？ 问自己的利益是失去还是获得、长期还是短期、影响范围力度有多大？
寻求共识	坚持使用客观的标准，制定客观标准唯一共识。
弥补差异	寻找最优替代方案，集思广益，寻找对手、第三方共同决策人的共识。 明确相同利益、融合不同利益，最后做出双赢选择。

谈判的第一步，是要将双方拉上谈判桌，争取谈判的可能。在商业场合，如果某个决定除了影响自己以外，还关乎团队、集体、公司的利益，那最好在接触对方前，做好我方的利害关系及利益分析。很多时候，我们都错以为仅靠沟通就能解决问题。如果对方是提前计划好，设置了明确的谈判底线，而我们却不知道，这就是一场不公平的竞争，但没有裁判会告诉你。

如果情况相反，对方并没有上谈判桌的意愿，需要我们诉诸利益、价值，这时候就可以使用"成交十法"的方法，通过"短缺"激励对方的行为；通过"权威"提高我方的议价能力；通过"社会认同"设定客观的标准，并形成双方的共识。你可以看到，这时候一些针对个人的"成交"方法效果并不好，"恩惠"往往还会起到反作用；"喜好"对方并不会因为个人稍稍改变立场等。

有些"成交十法"中提及的办法，在特定情形下也能发挥作用。例如当谈判陷入僵局，双方还就某些细节非主体的问题在争夺，我们可以更主动地化解危机，例如通过"贴标签"的方法，北方人常说，"咱俩都是爽快人，这个事情今天我们就定下来如何？""你我公司都注重效率，如果今天无功而返肯定会被公司处罚"。这些方法要求我们对"成交十法"更加熟练，才能使用得更得心应手。

最后我想谈的是个人的谈判，最常见的情况就是当我们要跟公司提加薪时，"成交十法"虽然在理性场合很难发挥作用，但是在个人与集体之间，依然有一定的作用空间。

第一，我建议你先跟领导确认加薪标准，这个标准是客观、公开且可评估的。例如给公司带来什么样的业绩，带来多少订单都是可量化的标准。

第二，阐述自身表现和贡献，这点也与我们在"展现实力"一章中介绍的内容相关，重点是带给公司的真实价值。

第三，与公司畅想未来的发展，你可以采用"联盟"的方法，清晰地告诉你的老板，有你的加入，这个联盟会越来越壮大。

"谈判"通常发生在理性人之间，但因为人的惰性，很多时候我们都很难保持持续的理性，这就给了不良动机的人空间。如果该谈判时你没有反应过来，"成交十法"是一把双刃剑，使用不当也会伤到我们自己。因此最好的策略是重视每一次成交。

第十四章　文字让成交变得更顺利

1. 创造热点：引起人们的注意力

嘭！又一个爆炸性新闻！我们的生活每天都这样，注意力被媒体牵引着东张西望。值得研究的是，有些事情容易被人关注，有些事情却无人问津。究竟哪些因素更能引起人们的注意力呢？

新闻里面，有的类别的新闻自带属性，就像大家常在微信里面见到那种"中国人都不知道吃这个居然会致癌""99.9%的男人恋爱里犯过的错误"……这些新闻自带吸引力指数，而且就算你看过后发现是个骗局，下次碰到还是很难抵抗，就像吃饭、睡觉、呼吸一样自然，大脑一看到这些标题就自动进入轨道。

为了成为一个文字创作者，我曾将"爆款"总结为以下五类：

第一类，事情是与自己有关的，例如高考放榜单、公务员入围名单、摇号抽签名单，尽管是些枯燥无味的东西，但我相信我们都不会错过。假如你走在街头，遇到一个随机采访，后来有人告诉你"好像在电视采访里面看到你哦"，你也会守着电视看自己究竟会不会出现。人啊，与自己相关的事永远是第一位的。我们痴迷于这个世界上只有一个自己，一个独特的自己，大家多多少少都会有一些自恋。哪怕你事先大概知道新闻采访里的你说的什么，可是自我喜好衍生出来的自我关注，总是能在第一时间吸引你的注意力。与自己有关的事情，还包括影射的自己，例如仅仅是出现自己的名字，明明有可能是同名同姓，人们也会被抓住眼球。还有关于属相、星座的描写，那些模棱两可的判断仅仅是因为和你共享一个别称，例如天蝎座，就会让人心甘情愿地相信它们的魔力。现在很多营销广告也发现了这点，特别是那些与人生活息息相关的商品，例如车、家具、奶粉，在线商城发现用普通人比用明星更能让大众产生共鸣。对权威、明星的崇拜投射与对自己的迷恋相比，孰重孰轻我们还不清楚，但至少选择一个与受众相关的信息不会是错误的选择。

第二类，事情与价值有关的，包括金钱衡量的价值、不动产价值、股票价值、商品价值，等等，都会快速吸引人的注意力。对一个成年人来说，想要在社会上生活下去就离不开这些外在的价值，所以，这个注意力吸引是源于生存的需求。但生存的需求又反过来强化了价值相关的重要性。导致人们在追逐价值事物时永无止境。没钱想赚钱，赚了钱要买车，买了车要买房，买了房还要换大房，高价钱往往代表着高价值，所以价钱就变成生存的底线，是生活的安全感来源。便宜没好货就是这么来的。但是价值真的与价钱成正比吗？或者说同一个物品的价值对于每个人来说是一样的吗？高价值的物品有使用价值和附加价值，使用价值类似于成本，附加价值更多是品牌。例如星巴克的杯子成本和普通杯子成本几乎一样，但是商品摆放的位置和LOGO决定了它的附加价值远高于普通的杯子。只是这个价值并不是对每个人都一样。前段时间我去参观广州南越王墓，展馆里面摆放的镇馆之宝"牛角玉杯"工艺卓绝，有两千年的历史。对于历史学家来说这个杯子所具有的研究价值和它假如流通到市场上的拍卖价值能相比吗？但是，与价值相关的事情确实能引起人们的注意力。

第三类，很简单，就是数字。数字单独成为一种吸引力元素，是因为数字大小能体现价值的高低，数字本身也是一种价值的衡量体系。除了上面所提到的价钱多体现为数字，数字还可以表现大小、众寡、高低。例如很多企业对员工分级为 A1—A5，级别大小背后代表着薪水、职级、能调动的资源，等等。这个数字就是一种价值的衡量体系。又例如，有的学校追求的院士数量，这里的 1 可能比学校账面上金钱代表的 1000 万还要大，所以，数字与价值相关，又独立存在，也会吸引人的注意力。

第四类，发挥吸引力作用的与人自身的安全感相关，这一条虽然起效作用看似不强烈，但却十分悠久，我们吓唬小孩子就是使用安全感来吸引他们，所以与安全感相关的事情深埋在我们心底，一旦被启动很难再转移。例如现在大家十分关心的食品安全问题，这就是威胁到我们人身安全的问题，按理来说老人社会经验丰富，只要有食品安全的问题，他们转发都是最快最频繁的，因为安全会影响我们的生存。又例如，有的时候公司强大的工作压力，其实并不会直接影响我们，而是通过降低我们的安全感来影响我们，看到大学生求职、隔壁老王被炒鱿鱼的事件都会加重我们对工作的压力，这种压力之所以会吸引我们的注意力也是因为与安全有关。医生是最关注安全问题的，因为他们本身就是安全的最后一道卫士，所以与医疗相关的事情也特别容易吸引人的注意力。

第五类，是与性有关的。这点的作用是最强的，特别对男性而言，繁衍似乎是生物的天性，所有人类行为最终都是希望自己的种族、自己的血脉能繁衍下去，所以这种内心深处的本能驱使我们关注与性相关的事情。我不是在为男性辩解，只是客观地说，地球上不会因为我说漏一条河流就少了多少水，同样地，在男性大脑里，与繁衍相关的通道永远不会关闭。很多广告通过明示暗示的手段呈现自己商品与繁衍的相关性，例如 CK 的内裤广告，每次路过时，我眼睛都错不开；例如杜蕾斯的广告，按理来说杜蕾斯是反繁衍的，但在这里这个品牌偷换了繁衍和快感的概念，让人们在大脑里面这两个概念是一体的，所以也能起到作用。

这五个吸引力元素，能在第一时间吸引我们的注意力，从而达到影响我们的目的。如果能策划好如上文所示的吸引人注意力的五点，就能引导受众的注意力。有一句话说得好，"森林里面一棵大树倒下，声响巨大。但如果没有人听到，那就不存在。"这五个吸引力元素起效是那么快、那么直接，能让这棵大树发出的声响响遍森林。

2. 迷之力量：秘密要用另一个秘密去打开

超现实主义大师达利说过这样一段意味深长的话："我的影响力背后的秘密就是它一直是秘密。"

小时候，我最喜欢阅读的书是《中国十大未解之谜》，有一阵书店也主打这种迷之力量的书，电视上《走近科学》栏目组也是这个路子。我现在完全不记得，我从这些神秘内容里面学习到了什么知识，但那时候这些书，就像现在的抖音、快手一样，不停制造吸引点，是杀时间的利器。说到这个，人其实一直没变，从这种放不下的书，到一直往下拉的网页，再到现在不断出现的视频，神秘的力量一次又一次征服我们。

这种追求新鲜、追逐神秘的力量，就是迷之力量。它源自我们大脑深处对安全感的渴望，如果一个古人不去探索未知，可能在第一次打雷、第一次碰到狮子的时候就挂了。所以为了确保我们自身的安全，大脑对未显现全貌的物体有一种渴望，就是去揭秘。哪怕本身就没有什么秘密或什么相关性的两件事，大脑也会脑补它们的关联，很多阴谋论就是这样诞生的。

神秘力量有三种常见的呈现方式，第一种是只露出一个角的方式，这里有一个潜台词，就是你了解到的只是冰山一角，还有更多内容是未知的。就像我们探索物理定律、探索生物机体、探索地球、探索宇宙一样，我们大概知道全貌，但是不确认里面的内涵是不是我们已知的事情，所以有一种动力推动我们去了解。在营销的时候，运用迷的力量很简单，例如集齐十张贴纸换一个礼品，尽管事后你发现为了这价值不高的贴纸你付出了更多，但是那种想要探索全貌的力量让你痴迷。同时，如果这个全貌是你努力就能达到的高度，就更容易延长你对它的追逐。很多网游就是这种套路，让玩家不可自拔。

第二种是完全随机的力量，当一个事情出现的顺序被打乱的时候，我们也会倾向于认为这是一个全新的事物，值得我们去探索，哪怕这个事情其实是由简单事情乱序排列而成。就像大家熟悉的六合彩、双色球，我们本来可以通过数理定则发现其中的概率，对大部分人来说中奖比遭雷劈的概率还小，但也不妨碍大家追逐这种神秘的力量，甚至研究没有规律地出现的数字之间的规律。这种随机的神秘力量在营销的时候比较难掌控，如果我们想要某个人按照我们的设计前行，至少要给出一个类似第一种神秘力量的全貌，除非让简单事物有很强的意义，例如赌博，才能驾驭这种随机力量。以前也有公司尝试例如未知味道的糖果、未知内容的抽奖，但大部分人只会尝试几次，如果没有预期收益就会放弃。

如果用比喻来形容这两种神秘力量，第一种就像翻越高山，你知道山的那边还有山，所以你一直前行。第二种就像潜入大海，随机的力量就像你不知道会出现什么水生物，所以这种新鲜感只能持续一段时间。

还有第三种神秘力量，就是呈现不同事物之间隐性的联系。因为我们生活在一个线性时间轴内，本能上会相信因果，相信事情之间的固有联系。所以这种神秘力量推动我们去探索不相关事情之间的内在联系，例如天气与股市的关联、欧洲动乱与期货市场变现的关联，有的事情确实存在曲折委婉的联系，有的事情之间却毫无相关，但不要紧，这种神秘的力量会让我们去探寻背后的道理。某种意义上说，科学的进程也是因为我们想要探寻世界运行的规律，为什么苹果会掉在地上，为什么水能流动，等等。

迷就像阿拉伯妇女脸上的面纱，让那若隐若现的面容更加吸引人。更重要的是，迷的力量还能运用在方方面面，例如，算了，暂且不说，下次再告诉你吧，让你也感受一下迷之力量。

3. 爆款文字：制造一个谜团，创造一个冲突

文字能促使成交，这不是什么秘密。关键是如何写出成交诱惑大的文章？结合前文提到的热点、迷的力量，我的方法如下：

第一步，开篇，在你的文章中提出一个问题，制造一个谜团，创造一个冲突。

为什么要提出问题？因为人有解决问题的天性，好的问题配好的答案能改变我们的生活。你想销售洗发水就提出头屑如何处理的问题；你想卖理财产品就提出财富如何保值的问题；你想卖车，那就问郊游怎么去；你想卖房，就问品质生活怎么保障。

为什么要制造谜团？因为人还有好奇的天性，想要找到这个世界运行的规律。为什么巴菲特不愿意投资虚拟货币？为什么小米手机能在安卓阵营脱颖而出？为什么爆文很难抓住人的注意力？

为什么要创造冲突？冲突让人警觉，冲突让人反省。冲突能让主题浮现，冲突还能强化思想。你可以在开篇就坦承，

房价与人才怎么平衡，高房价是不是必然导致高流失率？中美贸易战，是保经济还是保科技？生小孩，到底是男性付出多还是女性付出多？听众乐意看到你在自己的文章里面打仗，不管谁赢，都有好处。

第二步，引题，提出各种解决方案，并且一一排除，把答案收窄到呼之欲出的位置。

不管是问题、谜团，还是冲突，引题的作用是拉近听众距离，排除干扰信息。受众对讨论的主题有自己的看法，你要先构建出尽量多的共识，表明与听众统一阵线，才能让听众接受你的建议。

头屑能通过勤洗头处理吗？能通过戴帽子掩盖吗？能通过饮食调理吗？能通过手术解决吗？这些解决方案有什么缺点漏洞呢？

当下理财受众有什么选择呢？可以买股票吗？可以买房子吗？可以炒比特币吗？这些选择有什么优缺点呢？

巴菲特不投资虚拟货币的理由是什么呢？是他不懂高科技呢？还是他没有创新精神呢？抑或是他晚年理财偏保守呢？这些都不是理由，那是什么导致他不喜欢虚拟货币呢？

第三步，点题，小心翼翼地捧上你的观点，尊重你的观点，就像你想让别人看你的文章一样。

你文章的核心，直接关乎人们看完后的评价，是"又是一个标题党"，还是"难得一见不得不藏的真知灼见"？你要在这一段树立威严，运用各种手段证明所言非虚，事实依据、数据图表、官方评价、小道消息都可以用上，目的是要让观众接受这个事实。通常经过第二段引题的铺垫，这一段的用心很容易让观众捕捉到。

文章，最核心的就是这个炽热的论证。

最后一步完美收官，呼吁吧、抒情吧、共同行动吧、缔结承诺吧、尽情欢歌笑语吧……这一步，只有一个目的，你做，或是不做，看了由不得你选择。

文字的成交力量更加持久，在语言之前，我强烈建议你打磨自己的文字的成交力！

4. 数字的秘密：让你的心有那么一点安慰

我们经常在超市或者书店，看到商品定价小数点后是 9，比如一本书是 59.8 元，你可能已经觉察到，为什么不直接定价 60 元，大家都更方便，毕竟没有人会让商店退回 2 分钱。我们接下来就来解析一下这是为什么。

第一个原则是聚焦。当消费者看到一串数字的时候，通常会先注意到最左边的数字，这被称为"左位数"效应。59.8 元的东西会给消费者留下"不到 60 元"的印象，这意味着划算，意味着依然在 60 元以内的心理档次中（还记得前文所讲的定向思维吗？），这个差异看似微妙却很重要。

第二个原则是联想，就拿本书来说，本书的书名是《成交：应用影响力引爆营销》。其中的关键词"成交""影响力""营销"都是经久不衰的话题。这样的"处心积虑"也给了我很大的压力，因为不能写成"标题党"的书。希望你的联想与阅读后的感受是一致的。

第三个原则是恩惠，再次呼吁，如果您的手机正好在身边，请扫码关注"公众号"，回复"演讲"可获得花重金整理的本书PPT；回复"书单"可获得我的成交必读书单。收下我对你的"馈赠"，尽管我已经将它的秘密毫无保留地分享给你。

第四个原则是好感，希望出版社和我尽最大的努力没有白费：符合逻辑的章节排版、流畅的文字编辑、合适的字体大小。希望给你呈现的，是一本值得喜欢的书籍。

第五个原则是实力，"如果你不满意这本书，我们保证全款退费！"本来我想将这句话印在封面，这既是给读者的选择增加信心，也是给作者在写作时增加了"确保实力"的压力。但遗憾的是，最终我们只能在这里，以案例分享的形式看到这句话。

第六个原则是共识，合上书的那刻，如果"成交十法"等知识结晶能被你应用，那恭喜我们，达成了共识！

第七个原则是权威，本书的创作，自我2017年去香港大学攻读研究生开始到现在，已经持续了三年。感谢这一路走来遇到的"贵人"，对于我这样一个半路出家的营销人员，他们给予了最大的谅解和支持。

第八个原则是承诺，不知道你阅读的时候感觉是怎样的，反正我写的是意犹未尽。希望下一本《聚焦》《联想》……出现的时候，你依然能与我同行！

第九个原则是短缺，本书不会采用"饥饿营销"的促销方式，但也无法承诺首版会大量印制，因此您手中的这本书将会是首版的孤品。至少让我们珍惜通过文字认识的缘分，如果短缺真的能发挥作用，也请相信我在本书中已经和盘托出。

第十个原则是联盟，成交践行者的联盟，期待你的加入！

后　记

说到成交，好像一定跟语言和文字相关。事实上成交最关键的是信息，世界上最为伟大的销售员说，他的秘诀是真诚。他会给所有的顾客邮寄生日明信片，以此巩固他们之间的友谊。你发现了吗？对比起聒噪的销售人员，润物细无声的成交手法，同样起效，有时候效果更好。

全书的最后，我想再用我自己经历的一个案例，让你回顾本书所有的内容。

前段时间我接到了一个电话，那是来自某知名家电公司的"售后电话"，邀请我参与一个年终答谢暨新品发布会，参与者将获得某力的年终关怀礼品。我对这样的营销方式，前所未闻，于是欣然向往。去之前我也保持了营销者的警惕，问了几个问题：

时间地点在哪里？回答是明晚晚餐后，一个离我家很近的酒店，并不会太浪费时间。

活动内容是什么？回答是主要是赠品赠送，同时也会发布一些企业新品。

为什么选择我？因为我曾经购买该品牌的空调，事实上，当时我对我家电器的品牌并不敏感，电话那头确切地说他是该品牌的售后人员，不然怎么会得到我的电话？我抬头确认了一下家里确实是该品牌空调，好感度是增加的。

我对传统企业转型很有兴趣，也想了解在互联网冲击下，传统企业做了哪些新举措，看来明晚要参加的就是其中一个。晚饭后，我抱着学习和贪小便宜的心态，来到了会场。

首先我要客观描述一下当时的场景：入门就有人指引登记，赠送水，会场背景放的是柴静的《雾霾》演讲，没看过的人正津津有味地欣赏；现场礼品摆放得到处都是，营造出一种鸡尾酒晚会的感觉。这样的场景让我逐渐放下心防。但接下来发生的事情，让我意识到这是一个"成交"的局！

这个活动策划人娴熟地应用了本书所讲的"成交十法"原理，例如恩惠原则（参与回答就能赠送礼品，并且参会的每个人最后基本都收到了主办方的"赠品"）、承诺原则（主持人再三让听众声明自己使用的某力产品体验很好，让听众进入承诺的滑梯轨道，你知道最后会滑向什么地方）、社会认同原则（参会人员被精准控制在 100 人左右，既有压力又能控制）、喜好原则（第一位演讲嘉宾帅气幽默，不断使用恭维的技巧让听众感觉良好）、权威原则（第二位演讲嘉宾的出场方式，是几十名员工鼓着掌，伴随着壮阔音效缓缓步入会场的）、短缺原则（活动尾声主持人不断强调，现场的优惠为数不多，引起听众争先恐后地抢购）。这些熟悉又陌生的方法，让我很容易对号入座，这一帮人打着某力的幌子，其实是一个善于使用"成交法则"的销售团伙。

人是很聪明的动物，特别是我们的大脑，大部分时间我们依靠它做出理性的决策，但是大脑也是需要休息的，这时候你的大脑会选择使用模式反应的捷径，如本书前文所提及的"成交心理学四部曲"，节省资源，缩短反应周期，更加高效，我们离不开这套机制，但也受这套机制的约束。有心研究的人会利用大脑的漏洞，迫使我们达成不公平的协定。

当我们作为被影响的一方时，你要分辨哪一些行为是在运用影响的策略，避免自己盲目地做出选择，继而后悔，甚至在面对那些很明显是在用影响策略包装不纯动机的行为的时候，我们更要拿起知识的武器，捍卫自己大脑休息的权利。而当我们作为影响别人的一方，你最好知道，虽然我们采用了所谓"成交十法"的策略，但本意并不是扭曲事实，而是更高效地让对方接受我们的提议，提高整个组织的运作效率。

关于成交的原则前人已经总结出来了，日常生活中，我们可能并不会在意太多细枝末节的事，但是为了更好地生活，我们还是有必要去了解这方面的知识。我想起有一次看一个采访节目：

主持人是一个因为事故装了一只木头义肢的人，因此他的采访经常以犀利、挖苦见长，观众也很喜欢看他用这种方式戏谑受访者。有一期节目他采访当时一个摇滚乐队的主唱，在那个年代，只有摇滚乐手留长头发，于是开场的时候，主持人说：“既然你拥有一头长长的秀发，你一定是一个女人吧。”摇滚乐手随即回答：“既然你拥有一条木腿，你一定是张桌子吧。”

与别人交流，我们常常只能看到事情的部分，而非全貌，因此我们会做出一些不正确的决策，哪怕是这样，对方也不能因为运用了影响力的手段，威逼我们做不想做的事情。

反营销，就从现在开始。